本书受到国家自然科学基金面上项目"文化产业集群与区域的协调发展机理和策略研究"（71573200/G313）与陕西省软科学一般项目"文化创意企业知识产权能力提升机制与政策研究"（2021KRM120）资助。

Intellectual

文化创意企业
知识产权
能力研究

Research on
Intellectual Property
Capabilities of
Cultural and Creative
Enterprises

刘婧

著

社会科学文献出版社
SOCIAL SCIENCES ACADEMIC PRESS (CHINA)

序

　　"十四五"时期是我国全面开启文化强国建设新征程的重要机遇期，也是文化产业迈入高质量发展阶段的加速转型期。其中，知识产权作为内容创新和科技创新的重要体现，成为推动文化创意企业持续创新的不竭动力和提升核心竞争力的战略资源。党的十八大以来，习近平总书记高度重视知识产权工作，对知识产权保护等工作提出许多重要要求。党的十九大报告明确提出了要"倡导创新文化，强化知识产权创造、保护、运用"。在此背景下，文化创意企业知识产权创造、保护、运用与管理的能力建设也随之提升到了前所未有的高度。随着"互联网＋"时代下数字化革命的到来，文化创意企业目前面临着更加复杂多变的知识产权交易环境，企业的生产与发展不再依赖于单一的知识产权保护，而更加强调具备知识产权开发、转化、管理和再创造的综合性能力。

　　刘婧博士长期关注并致力于文化产业知识产权保护与创新、文化企业知识产权管理等领域的理论研究与实践探索。文化创意企业知识产权能力建设是她研究较为深入的一个问题。正是出于这样的考虑，本书以"文化创意企业知识产权能力研究"为选题，不局限于知识产权保护、运营活动等某一个方面的研究，而是从企业能力的视角，立足于整体性思维，将文化创意企业知识产权能力要素、测度、影响因素以及相互作用关系纳入理论研究之中，系统而深入地揭示知识产权能力在文化创意企业生产经营和创意价值增值活动中的运作规律及实现过程，探明文化创意企业知识产权能力形成和发展过程中关键影响因素和政策的作用效果，为深入研究文化创意企业知识产权能力的内在规律奠定理论基础和参考依据。因此,无论是从理论层面还是实践层面,本书对于我国文化企业知识产权能力的研究都具有较高的价值。

本书数据翔实、视角新颖、内容丰富、思路清晰、逻辑性强,较为系统地阐述了文化创意企业知识产权能力建设这一重要的理论与现实问题,具有如下特点。

第一,综合研究的思想。文化创意企业知识产权能力研究是在仅注重专利能力建设的传统研究局限之中提出的,注重文化创意企业著作权、专利、商标等知识产权的创造、保护与运用,并与更广泛的制度环境、金融环境与文化资源禀赋联系在一起。这就要求对文化创意企业知识产权能力的研究从综合性视角出发,而综合性研究正是管理系统工程学科的优势。本书从文化创意企业知识产权活动的特征入手,遵循知识管理和创意价值实现的基本规律,从现象至规律、从实务操作至政策,层层递进,深入系统地研究了文化创意企业知识产权能力提升的过程、机制与路径。

第二,多学科交叉的研究方法。本书采用多学科交叉融合的研究方法对文化创意企业知识产权能力的形成与发展问题进行深入剖析,结合管理系统工程、经济学等学科,涉及多案例研究、数值模拟、计量模型分析等方法,综合考虑文化创意企业知识产权行为、创新效应与政策安排,将理论研究、实证研究与政策研究相统一,为文化创意企业知识产权能力研究提供了新思路。

第三,以文化创意企业为根本对象。不同于一般工业企业偏重技术创新和专利产出,文化创意企业是以内容创新和著作权为主,软创新的特征突出。因此,文化创意企业知识产权能力更多地受到著作权制度、地域创意资源、宏观文化产业区域政策等因素的影响与制约,与一般企业知识产权能力提升的内外部因素的作用方式、作用强度差异明显。本书选取文化创意企业为对象开展知识产权能力研究,具有显著的行业特色。

第四,理论与实践的紧密结合。本书首先从理论层面入手,提出以创意价值实现为导向、以企业能力理论为基础的文化创意企业知识产权能力理论框架。以此总体框架为指导,其后每一章节都以理论为先导,以陕西省企业实际情况为依托，深入浅出地展示文化创意企业知识产权创造、保护、运用与管理各个方面的理论基础与实践案例。

诚然，文化创意企业知识产权活动是一个牵涉到方方面面的复杂问题，因此文化创意企业知识产权能力研究是一项复杂且困难的工作。本书力争凸显出现阶段文化创意企业知识产权工作的典型性。但同时还有进一步提升的空间，特别是研究有待深化和更加体现数字时代的特征。文化创意企业知识产权能力发展是以技术创新为载体、以内容创新为核心的，这一过程是在文化与科技融合、制度与市场共同驱动的文化产业转型与升级的框架内完成的。当前，文化产业数字化战略实施、文化新业态培育已经成为文化创意企业创新活动的重要内容，也为文化创意企业知识产权能力建设提出了新的要求，特别是在区块链技术应用、网络著作权保护等领域，期望可以在今后的研究中予以补充。

2022 年 3 月 23 日于西安

前　言

知识产权是驱动文化创意企业创新的动力和保障，也是最具价值的智力产物和战略资源，通过知识产权创造、保护、运用和管理，可促进企业价值转化，进而带动文化创意产业创新乃至文化产业改革优化。为了进一步加快文化创意产业高质量发展的步伐，以知识产权激励企业自主创新并快速转化生产力的重要性凸显，而增强知识产权能力成为支撑文化创意企业持续创新和实现产业"由大变强"的关键。当前，不少文化创意企业面临内容原创力不足、维权本领弱、产权价值转化难、管理规范性欠缺等一系列亟待解决的问题，如何提升文化创意企业的知识产权能力，成为重要而现实的核心议题。

基于此，本书以"文化创意企业知识产权能力研究"为题，遵循"能力内涵及构成—能力测度—影响因素—作用机制—提升对策"的研究思路，综合运用文献研究、多案例研究、专家审议、问卷调查、统计分析和系统动力学等多种方法，较为系统地研究了文化创意企业知识产权能力的内涵、构成、特性、发展表征及测度体系，深入探讨了知识产权能力的影响因素及其动态效应，揭示了提升知识产权能力的现实路径，并提出了相应的对策建议，致力于为文化创意企业知识产权能力发展提供理论借鉴和经验指导。根据所研究问题，本书围绕以下四个方面展开研究。

（1）文化创意企业知识产权能力的概念、构成及测度研究。首先，以企业能力理论和创意价值链理论为基础，界定了文化创意企业知识产权能力的概念，强调文化创意企业知识产权能力的本质是累积性的知识，且具有不同于一般工业企业的独有特征，即创意价值的导向性。其次，借鉴知识管理理论，从创意价值实现的视角解析了文化创意企业知识产权能力的要素构成，并阐述了各个子能力的概念、维度及具体表征形式，为知识产权能力测度指标的构建奠定基础。鉴于文化创意企业知识产权能力测度指标的构建尚属尝试和探索阶段，在系统梳理现有指标的基础上，本书以多案例研究方法对备选指标进行事实呈现和资料印证，并经由专家小组审议修正测度体系和改进内容效度，最终确定了包括知识产权创造、保护、运用和管理四个能力构成方面共15个指标在内的测度体系。通过对上百家文化创意企业的实证研究发现，测度结果与现实情况较为相符，体现了知识产权能力测度体系具有一定的可行性、科学性和合理性。

（2）文化创意企业知识产权能力的影响因素研究。首先，基于知识产权能力影响因素和创意价值链驱动因素的相关研究，构建了包括资源、能力和外部环境三个层面共11个影响因素在内的理论框架。其次，鉴于文化创意企业知识产权能力影响因素存在自身的特质，理论构建需要对现有研究框架有一定突破和发展，其有效性应该在现实世界中得到解释、评估和支持。因此，本书选取12家具有代表性的文化创意企业为研究对象，通过个案访谈的质性分析与事实资料的交互印证，对知识产权能力影响因素进行解释性验证，发现三个层面11个因素共30个维度得到数据支持，由此揭示了影响因素作用于知识产权能力的丰富细节，检验了影响因素理论框架应用于企业实践的合理性，并提出3个研究命题。再次，结合理论分析与实践检验提出研究假设，以上百家文化创意企业知识产权能力测度结果为被解释变量，运用多元回归分析方法开展更大范围的实证研究，从定量的角度探明了各影响因素的作用效应。结果表明：在企业资源层面，创意研发人才、高管的知识产权素质和创新投入对知识产权能力具有显著正向影响，关系网络具有正向且显著的促进作用。其中，创意研发人才和创新投入在资源层面因素中对企业知识产权能力的促进作用最大，反映出企业知识产权能力的发展在资源层面主要依靠创意研发人才和创新投入获得动力。在能力层面，组织学习能力对文化创意企业知识产权能力的影响效应显著且影响系数在能力层面因素中最大，平台能力和体验营销能力的正向促进作用均具有显著性。同时，能力层面因素的边际贡献总体低于资源层面因素，由此说明调研企业整体还处于以资源投入驱动知识产权能力提升的时期。在外部环境层面，政府支持和文化地理禀赋也是影响知识产权能力的关键因素，而外部知识产权保护与金融发展具有正向但不显著的促进作用。

（3）动态视角下文化创意企业知识产权能力影响因素的作用及能力优化路径研究。首先，借鉴知识价值链理论和创意价值链理论，构建了文化创意企业知识产权能力发挥的过程模型，并以知识产权能力测度体系及影响因素静态研究为基础，进行了知识产权能力的系统动力学分析。通过探究系统中的因果关系及循环反馈回路，发现通过提升文化创意企业知识产权战略规划水平、加大创新投入、强化知识产权制度内化与学习、注重外部知识产权获取能力、增加知识产权管理经费支出、重视平台建设和体验营销经验积累等，能够有效促进知识产权能力的发展，从而揭示了能力提升的路径。其次，构建了系统流图和动力学方程，进行了模型检验，分别对企业内部因素、外部因素、内部因素组合的作用进行了仿真实验。结果表明，第一，各影响因素的作用路径和效应有所不同。在内部变量方面，创意研发人才和创新投入能够显著促进知识产权创造和运用，进而对知识产权能力产生正向影响。而高管的知识产权素质、潜在人才可获得性能够加强企业知识产权管理和保护，正向推动知识产权能力建设。在外部变量方面，外部知识产权保护的促进作用主要体现在增强企业的知识产权保护与管理两方面。金融发展则通过促进企业知识产权的转化和运用，提升知识产权能力的整体水平。第二，各影响因素的组合效应具有相互增强作用。其中，创意研发人才和创新投入的因素组合、高管的知识产权素质和潜在人才可获得性的因素组合对知识产权能力的影响具有放大效应。第三，各影响因素的作用具有非线性特征。创意研发人才的累积效应是边际递增的，而创新投入的影响具有门槛效应。此外，创新投入和创意研发人才的组合效应对知识产权能力的作用存在临界规模。

（4）文化创意企业知识产权能力提升的对策研究。基于知识产权能力测度、影响因素实证研究和动态作用机制的主要结论，分别从企业微观层面和宏观层面展开对策分析，建议形成企业、政府和社会三方主体联动协同格局，通过企业主动创新、政府政策引导和社会积极参与，共同推进文化创意企业知识产权能力建设，最终增强企业市场竞争力和实现文化创意产业高质量发展。

目 录

第一章

导 论

过去 30 年来，文化创意产业通过降低能耗、创造财富与保护文化多样性，在全球产业升级、促进经济新增长和提升国家文化软实力中发挥着巨大的作用。在中国，自 2009 年《文化产业振兴规划》明确提出发展文化产业这一战略目标以来，相关政策频频出台，以激励文化创意产业高速发展。然而，近年来文化创意产业增加值呈大幅下降趋势，反映出文化创意产业的壮大与繁荣在很大程度上是源于政府政策的红利释放，而非创新驱动。为了实现产业增长方式的转变，亟须激励文化创意企业进行创新，以创新提升产业影响力和促进可持续发展。为此，党的十九大报告提出，要以企业创新提升文化产业效益和促进产业兴盛。如何增强文化创意企业的创新活力和推动产业升级再造，成为文化创意产业健康发展迫切需要解决的问题，而提升文化创意企业知识产权能力是驱动创新和实现产业"由大变强"的关键。

一 文化创意企业知识产权能力提出的背景与意义

（一）现实背景

作为文化创意企业的根本和创新活动的核心要素，知识产权不仅为企业的创造力解放提供了法权保障和激励，也是企业开展授权交易、跨界合作和市场营销的重要依托。知识产权的开发、保护、消费和合理管理，可创造社会效益和经济效益。正因如此，创意产业之父约翰·霍金斯

（Howkins，2001）指出，知识产权（Intellectual Property，IP）是文化创意产业发展的基础和根本。2014 年，国务院紧密围绕知识产权强国战略和文化发展改革规划，颁布了《关于推进文化创意和设计服务与相关产业融合发展的若干意见》，要求通过加强知识产权运用和保护、活跃知识产权交易、加强知识产权管理能力建设等措施，提升企业知识产权综合能力，进而推动文化创意企业创新。

在此背景下，不少文化创意企业开始重视知识产权能力的培育，作品自愿登记数创历史新高，知识产权与资本、金融工具的联合运作更为频繁，版权合同审核备案数、知识产权境外输出成果突出，知识产权交易日益活跃，尤其是在互联网基因的强力注入和新媒体融合的驱动下，信息化改造和数字出版提升了知识产权运营的潜在价值。然而，尽管当前文化创意企业的知识产权能力整体得到较大的提升，但是与以美国和日本为代表的发达国家相比，仍普遍存在量大质低、受侵权后维权难、市场占有率低和知识产权管理规范性不足等问题，具体表现在以下四个方面。

一是文化原创力薄弱、科文融合度低。我国文化创意企业的规模普遍较小且多数停留于低端仿制和代加工层面，缺乏对本土文化、特色文化和传统文化独具匠心的原创性构思，导致知识产权产品（服务）的文化内核空洞和创意空泛化严重，同质化竞争激烈。以动漫企业为例，根据《中国动漫产业发展报告》《中国文化文物统计年鉴》的数据，由于 IP 创作内容单一和长期局限于"低龄化"受众人群，2013 ~ 2015 年多数地区的产值增长率大幅下降，北京、上海、江苏等发达地区企业的整体利润总额为负。此外，科技与文化、科技与内容的融合程度低也是当前文化创意企业知识产权创造面临的主要瓶颈。一直以来，我国文化创意产品缺乏高科技含量和丰富的内容表现手段，造成国内市场份额和海外出口额长期遭受国际知名 IP 和先进工业技术的严重挤压，不少地区的企业相继出现利润低下的现象。

二是知识产权维权本领弱、手段少。当前，文化创意企业知识产权侵权案件数量大幅上升，促使更多的企业开始注重知识产权保护在创作、复制、传播、消费过程中的重要作用。然而，不少企业对知识产权这一舶来品仍然缺乏系统的学习,对知识产权保护和维权操作细则不甚了解,造成知识产权无偿流失事件频频发生。特别是以互联网为代表的技术进步催生了大量涉及新业态、新商业模式的知识产权纠纷,企业屡屡遭受控诉而损失巨大。这表明,知识产权保护问题已经成为文化创意企业实现创新转化和紧跟技术潮流的主要挑战之一。

三是知识产权运营缺乏成熟的商业模式、专业的品牌营销和多元的融资手段。首先,我国文化创意产业正处于文化体制改革的特殊时期,许多企业尤其是国有企业的知识产权运作尚未完全遵循市场规律,成熟的商业模式也未形成,影响了市场化收益。特别是互联网时代下以互动传播为主的创意扩散方式要求企业不断补充和再造新的商业要素(如社群、平台)以分享连接红利,但是诸多企业由于资金不足和产品单一,依然停留于一次性售卖的商业模式,无法转向内容的深度挖掘、长线衍生和跨界合作,难以适应互联网传播特征和市场需求,导致 IP 运营缺少用户黏性和流量吸引力,不易获得可持续的经济效益。其次,品牌营销欠缺专业性也是 IP 商业化面临的问题之一。例如,在图书出版、影视发行、文化旅游行业类企业中,品牌体验、设计手段和互动策略方面普遍较为落后,仍然依赖传统渠道和人海战术进行市场推广。还有一些企业营销手段不当,导致品牌价值遭受"滑铁卢"。最后,IP 质押融资手段少、规模小、成本高,资本化程度总体偏低。一些融资新模式,如运营基金、质押众筹、证券化和共享经济等,未能引入企业 IP 资本化之中,阻碍了大众金融和小额资金的低门槛参与,造成企业面临严峻的资金周转问题,IP 融资数量少和外源融资比重低已经成为普遍现象。

四是知识产权管理缺乏系统的战略规划和科学的制度设计。自 2015 年推行《企业知识产权管理规范》以来,知识产权管理被视为文化创意企业管理体系的重要内容。然而,不少文化创意企业尚未形成完善的知识产权管理规划、制度体系和组织文化,经营知识产权的意识尚未形成,造成知识产权工作整体上欠缺战略性和导向性,难以保障知识产权管理模式的科学运行。目前,文化创意企业知识产权管理模式大多呈现制度性薄弱、组织体系化缺失的态势,无法保障知识产权资源的有效配置及协同布局,直接影响企业维权和用权的能力。

综上所述，尽管国家和地区纷纷出台政策以促进文化创意企业知识产权能力的提升，但总体来看，做到灵活运用知识产权取胜的企业为数不多。此外，知识产权能力是一种整体和综合的能力，企业较多关注知识产权的创造和保护，而在运营和管理方面显得乏力，导致知识产权得不到有序经营，与资本和企业战略目标难以协同运作，造成市场份额占有不足、品牌市值较低、海外开拓受阻等问题，创新活动陷于困境。因此，如何帮助、支持具备一定条件的企业系统性地培育和发展知识产权能力，成为驱动企业创新和获取竞争优势的新任务、新工作。

（二）理论背景

目前，学界对企业知识产权能力的探讨升温，但在以下三个方面仍然存在不足。在研究对象上，以一般性的工业企业为主，对服务经济和创意时代下涌现的文化创意产业这一新兴战略产业关注甚少，理论指导具有一定的滞后性。在研究内容上，文化创意领域知识产权相关文献大多从法学、产业经济学和文化产业管理角度分析外部知识产权环境对文化创意产业（企业）创新的适用性问题（董凤华等，2012），以及零星地围绕文化创意企业知识产权活动的突出问题及成因进行剖析，鲜有从能力视角进行的全面而系统的研究，以"文化创意企业知识产权能力"为主题的文献更是乏善可陈，这说明知识产权能力研究在文化创意领域才刚刚起步，尚存较大的研究空间。同时，现有文献对知识产权能力缺乏深入的学理性提炼，存在内涵认识不一、范围狭窄、研究角度与构建思路各异等问题，削弱了理论框架的系统性和全面性。在研究方法上，综合性和交叉论证仍然薄弱。理论研究与实践分析、静态研究与动态研究相结合的研究方法较为少见，使得研究结论欠缺说服力。此外，文化创意企业知识产权行为具有不同于传统工业企业的独特性，主要表现在四个方面：第一，知识产权产出形式不同，文化创意企业的知识产权行为更加强调依附于硬件载体的内容创新；第二，知识产权保护方式不同，《著作权法》是文化创意企业法律维权的重要依据；第三，知识产权运作模式不同，文化创意企业的知识产权行为注重IP分割衍生，强调一次生成和多次交易的运营特点；第四，知识产权管理方式有所差别,与工业企业研发、制造、流通和营销环节彼此分离不同,文化创意企业更加注重知识产权在生产经营全过程中的有序协调与系统规划。由此可见,文化创意企业的知识产权能力表征及其行为过程存在自身的特殊性,不能简单复制或照搬现有的知识产权能力研究,应该在科学把握其内涵、本质及特征的基础上展开深入分析,以响应创新驱动战略,促进文化创意产业繁荣发展。

(三)研究意义

在理论层面,本书具有以下三方面意义。第一,拓展和深化了知识产权能力理论。本书围绕"如何提升文化创意企业知识产权能力"这一核心议题展开探讨,既是对文化创意领域相关理论的发展,也是将知识产权能力理论细化和延伸至文化创意领域,有助于形成新的理论认知,进一步丰富和完善现有的知识产权能力研究。第二,弥补了文化创意企业知识产权能力内涵、构成及测度研究的不足。本书对文化创意企业知识产权能力的内涵和构成要素进行界定和学理性剖析,以此为基础构建知识产权能力测度指标体系并开展实证研究,为科学把握知识产权能力的整体现状提供了量化工具,也拓展了现有知识产权能力理论的研究范围和深度。第三,为明晰文化创意企业知识产权能力的影响因素及其动态作用机制奠定了理论基础。本书基于文化创意企业知识产权能力影响因素的研究框架,通过案例分析和定量研究揭示了知识产权能力的影响因素及静态效应。进一步地,从系统视角分析了影响因素与知识产权能力之间的结构关系和传递路径,探寻知识产权能力的动态作用规律,弥补了现有研究的不足,克服了长期以来学界研究视角单一、孤立所造成的局限性,有助于深化知识产权能力动态作用机制研究和形成新的理论认知。

在现实层面,本书具有以下两方面意义。第一,为文化创意企业知识产权能力培育提供路径指导和实践借鉴。通过开展文化创意企业知识产权能力测度研究,能够明晰企业知识产权能力建设存在的优势与不足,从而更有针对性地消除障碍和发现潜在机遇。同时,研究文化创意企业知识产权能力影响因素的静态效应及动态作用机制,有助于较为充分地把握知识产权能力提升的关键因素和实施途径。将上述研究中的抽象变量和结论具体到文化创意企业知识产权能力提升的实际操作层面，可从微观视角提供较为全面和系统的对策建议。第二，为政府行为和知识产权政策制定提供决策参考和可行的行动方案。研究文化创意企业的知识产权能力现状和优化路径，能够为文化创意产业管理部门、知识产权局等政府部门开展知识产权管理工作、制定产业发展规划以及落实创新驱动战略等提供决策参考和抓手。从微观到宏观，层层梳理行动方案和操作指导，有助于形成较为系统的知识产权能力管理机制，积极引导企业和政府共同努力和探索。

二 国内外相关文献回顾与述评

当前，知识产权能力研究的热度持续上升。现有研究运用共引计量方法分析了过去 30 年来发表在五大知识产权权威期刊的文献，发现近 10 年来关注重点由早期的法权防御、资产资源向战略管理和能力发展方向转移，知识产权能力研究快速发展（Bo Wang et al.，2015）。在中国，知识产权能力这一概念于 2002 年由国家知识产权局局长王景川在《加快知识产权能力建设和发展核心竞争力》一文中首次提出，引起了诸多学者的关注并形成了一些有价值的理论成果。由此表明，知识产权能力研究作为新兴领域得到国内外学界的普遍重视。尽管如此，知识产权能力研究仍然是零散和非系统性的。正如一些学者所指出的，90% 的知识产权文献集中在宏观层面而非微观企业，而企业知识产权能力研究轨迹总体上缺乏清晰度（Martin，G. et al.，2017；Bo Wang et al.，2015；Gibb，Y. K. et al.，2012）。因此，应该加强对知识产权能力发展过程和机制的理解，完善该领域的知识结构。本书围绕国内外知识产权能力研究领域的核心议题、基本结论和未来趋势进行系统的梳理和述评，归纳总结了文化创意企业知识产权能力研究存在的不足和薄弱环节，明确理论拓展空间和进一步研究的方向。

（一）知识产权能力研究的源起

知识产权能力研究的理论渊源可以追溯到 Teece（1998）关于知识独占性与企业竞争力的关系研究，该研究揭示了企业能够借助专利、商标及技术秘密等各类知识产权的结合构筑模仿屏障（李艳华，2013），保证创新租金的最大化。之后，企业知识产权行为引起了学界的重视，并于20世纪90年代中期被纳入管理学研究范畴。在知识经济时代，知识生产和商品化发挥着越来越重要的作用，知识产权作为知识创造的主要载体成为市场交易对象和交换货币。知识产权不仅是专有性的合法资产，更是可获得经济价值的商业资本，可用以创收、降低成本和提高声誉等（Sander，K. et al.，2012）。这一转变要求企业采取全面和系统的战略规划以促进知识产权开发和使用。进一步地，Somaya（2012）提出知识产权管理能力（IP Management Capabilities）研究应该成为重要的新兴领域，原因在于知识产权行为及相关战略决策与企业能力有关，通过知识产权能力体系研究及模型分析能够更全面地概括企业知识产权创造、保护及转化的丰富内涵和实现知识产权战略。需要指出的是，现有国外文献中普遍提及的知识产权管理能力是一个广义的能力概念，即与知识产权活动相关的能力均被纳入知识产权管理能力范畴。

（二）知识产权能力的内涵及构成研究

现有文献对知识产权能力内涵及构成的界定通常基于企业知识产权行为研究，通过剖析企业实施相应行为所需的能力集，归纳知识产权能力概念的要素并展开内涵解析。

目前，学界主要从知识产权创造与法权获取、知识产权许可与开放策略、知识产权执法与诉讼三方面解构知识产权行为。同时，一些研究从资源基础观和动态能力视角出发，将知识产权管理纳入行为分析环节，认为知识产权资源需要通过战略规划和知识产权组织构建才能得到充分的利用（Martin，G. et al.，2017）。基于以上文献，学者依据知识产权行为的不同层面和类别对知识产权能力进行概念界定。Reitzig（2004）将知识产权管理和许可归为知识产权开发，认为知识产权能力是通过知识产权创造（包括研发和创意作品创造）、知识产权保护（包括法权申请和执行）和知识产权开发（主要指许可和管理）等一系列价值链活动过程以实现知识价值增值的能力。Martin等（2017）将知识产权行为细化为24小类并归结为七大维度，强调知识产权能力是企业进行知识产权的投资组合、创造、情报分析、商业开发、执法保护、组织构建和文化塑造的一种综合能力，以促进企业塑造更为强大的商业模式。另有学者如 Kjaer（2009）将市场营销学中的 AIDA 方法应用于企业知识产权能力研究，指出知识产权行为与市场营销中的注意力（Awareness）、兴趣（Interest）、欲望（Desire）和行动（Action）有关，即 IP 意识（A）、IP 保护（I）、IP 管理（D）以及 IP 开发（A），强调知识产权能力是一种持续提升企业保护、管理与开发知识产权水平的能力。

借鉴上述分析，国内学界对知识产权能力的概念进行了修正、补充和发展，但是不同学者在具体的表述和侧重点上仍有差异。例如，朱国军等（2008）认为，知识产权能力包括获取、运用、管理和谋划四个能力要素；向征等（2015）基于 Teece 的动态能力理论，指出应从创造、运用、战略管理和保护能力四个方面解构知识产权能力。其他学者如李蓉等（2007）、宋河发等（2013）、池仁勇等（2016）认为，考虑到企业的知识产权行为一般包括研发投入、法权申请、授权交易、转化实施等环节，但是主要环节集中于创造、保护、运用和管理。因此，知识产权能力被视为企业创造、保护、运用、管理知识产权的能力。

由以上文献回顾可知，当前学界对知识产权能力的概念存在不同认知，未能体现概念内涵的基本共性，导致大多数研究停留于对实践经验的归纳和概括层面。针对这一现象，应从企业能力理论和知识管理理论出发，对知识产权能力内涵及构成进行系统分析和学理性提炼。一方面，基于知识基础观的企业能力理论认为，能力本质上是不断积累的专有性知识，而知识产权能力是企业的一种核心能力，对其内涵与本质的揭示有赖于企业能力理论的深化。另一方面，由于知识产权能力内嵌于知识动态作用的过程之中，知识管理理论有助于明晰知识产权能力发挥过程及相应的能力构成要素。毕竟，知识产权作为知识资产的一种类型，根植于企业无形资产管理的情境之中，其权利使用及功能发挥取决于知识产权在企业知识创新系统中的定位和作用，而知识创造和交流的系统为知识产权提供了活动基础和范围。综上所述，还需运用知识管理理论和企业能力理论对知识产权能力的内涵及构成展开剖析。

（三）知识产权能力的测度研究

通过梳理知识产权能力测度研究发现，大多学者偏重于高技术企业这一特定类型。由于专利是技术创新和知识产权活动最主要和最直接的代表之一，一些文献开始围绕专利能力的某一类别或主题展开评价研究，如专利创造能力（袁林等，2015）、专利合作能力（姬春，2017）、专利转化能力（王健等，2016）等。然而，该类研究的指标体系无法揭示专利能力更全面的表征，故而部分学者从专利功能和实施行为的角度进行能力指标选取和评价。Sander（2012）将专利功能与战略相结合，从激励、独占性、保护、信息运用、资产、评估决策和交易七个方面构建专利工作的评分指标；Gibb 等（2012）从操作性行为和战略管理行为两方面构建了涵盖 12个维度的指标体系。事实上，该视角下专利能力测度指标可归结为基本流程和战略支撑两大类，但是指标的具体设置和类别划分差异较大。

进一步地，学者不再局限于专利能力的评价研究，而是围绕着基本流程和战略支撑两方面对包括专利、软件著作权、商标等在内的知识产权能力进行指标修正和拓展，并将评价的应用对象和范围加以延伸。其中，以萧延高等（2010）、李伟（2010）、宋河发等（2013）、吴佳晖等（2016）、刘慧（2013）为代表的学者参照中科院评估中心和国家知识产权局知识产权发展研究中心的指标依据和数据基础，从知识产权创造、保护、运用和管理四个方面建立评价体系，创造、保护和运用属于运行操作层面，管理则被划归为战略布局和组织保障，从而形成了能力评价的"四元论"指标体系。还有一类文献则在"四元论"基础上进一步扩充，引入外部环境因素如地区技术水平、知识产权资源或法制保护氛围，对企业知识产权能力进行综合考察（李蓉等，2007）。总体而言，"四元论"已经成为国内知识产权能力评价研究的主流分析思路。一些学者认为，知识产权创造、保护、运用和管理能够涵盖知识产权工作的所有内容（宋河发等，2013），而且这四个方面相辅相成、相互补充（池仁勇等，2016a；陈劲等，2011）。此外，还有少许研究开始针对不同行业和企事业类别进行能力指标探索，不断修正评价指标体系（吴佳晖等，2016；郭秀芳，2015）。然而，大多数研究仍然局限于技术型企业，围绕新兴战略型企业或者服务类企业的研究尚不多见，由此反映了知识产权能力测度的范围有待拓展。

在知识产权能力测度方法方面，相关文献运用了层次分析法（宋河发等，2013；吴佳晖等，2016）、因子分析法（顾晓燕，2012）、主成分分析法（陈伟等，2015）等，并且能力指标的数据以各类数据库、统计年鉴和上市企业年报所发布的刚性数据为主。由于知识产权能力涉及的某些指标概念较为抽象和难以直接定量刻画，相关评价不仅应该包含硬性指标，还需纳入柔性维度（如知识产权管理制度、文化氛围等），以弥补定量方法的不足和提升内容效度。因此，定性研究开始被一些学者所重视，相关方法以问卷调查为主，通过李克特量表、0–1选项等进行间接赋值和综合判定（宋河发等，2013；萧延高等，2010）。

基于以上文献分析可知，企业知识产权能力测度研究已经得到学界的普遍关注，研究视角和内容也更加多元和丰富，为完善文化创意企业知识产权能力指标体系提供了参考依据。同时，现有研究存在两个有待改进之处。一是国内外知识产权能力测度研究的角度和构建思路不一，划分维度和指标选取也各有差异。尽管研究者提供了多元视角，但也反映出评价依据尚不清晰。知识产权能力测度研究需要厘清具体流程，从中归纳出支撑知识增值的关键监测点或核心能力，以此构建指标体系。二是测度研究对象单一且研究边界较为狭窄，研究对象多为技术型企业，以专利水平为主要表征，知识产权能力测度结果的应用前景有限。大多数文献研究重在强调企业知识产权活动中技术价值的实现，对于在知识产权类型中占据重要地位的新思想来源、内容创新等因素有所忽略，对其他知识产权特征的研究不充分。正因如此，应该从"技术＋内容"的系统性角度进行知识产权能力指标体系构建，同时加强对文化创意企业这一类战略新兴企业的测度研究，结合各个行业自身的特性，对指标体系做出进一步细分和修正。

（四）知识产权能力影响因素研究

熊彼特（Schumpeter，1942）开创性地探索了企业规模对专利产出的影响。"创新假说"认为，大企业所具有的资源禀赋越高，专利创造和运用行为越频繁（Scherer，F. M.，1965；Mansfield，R.，1977）。之后，大量文献试图对企业专利行为和关键影响因素进行描述，主要关注专利申请与产出（徐明华，2008）、专利转化（Lunn，J.，1987）、专利保护（Help-man，E.，1992；Romer，P.，1990）和专利管理等。随着企业专利行为的多样化、复杂化和战略化，学界开始注重专利能力的全面发展，从整体角度描述和验明影响因素。也有一些研究者不再局限于对专利能力的探讨，将研究内容拓展到包含专利、著作权、商标等在内的知识产权能力影响因素。然而，大多文献都是针对专利能力展开探讨，对知识产权能力进行整体研究的文献尚不多见，仅在池仁勇等（2016b）少数研究中有所涉及。鉴于知识产权能力影响因素研究仍处于发轫期，散落在相关文献中，本书主要从内部影响因素和外部影响因素两方面进行梳理。

1. 内部影响因素

现有文献主要从资源禀赋和组织管理两方面识别和探明关键影响因素。在资源禀赋层面，有学者借鉴内生增长理论揭示了人力资本在专利能力发展中占据的重要作用（李伟，2010）。袁林等（2015）通过实证研究发现，企业家所具备的卓越才能、超前眼光和社会资本，能够有效推动专利战略实施，带来专利运营的新机会。Somaya（2012）发现，高层管理团队的专利知识能够促进法律知识转化为绩效，而知识产权法专家和专利代理人对企业的专利产出也存在显著的积极影响。除了人力资本的投入，知识产权能力的发展也离不开研发资金和技术设备等资源的支持。多数实证研究表明，研发投入与专利创造能力之间显著正相关（Hausman，J. A. et al.，1984；张传杰等，2008）。也有学者研究了研发投入对知识产权能力的影响。池仁勇等（2016a）通过对上市企业的实证分析发现，投入水平是知识产权能力形成的主要内部因素。张亚峰等（2016）通过调研企业发现，研发投入强度显著影响知识产权许可量和运营收入。

在组织管理层面，现有研究表明企业的专利能力与创新氛围、部门职能协调等因素相关（袁林等，2015）。研究表明，专利审查带来了获取技术发展信息的机会，但也可能削弱实时监控竞争对手的动态追踪能力（Reitzig，M.，2004）。毕竟，专业管理知识的缺乏会对企业专利能力的发展产生负面影响，同时加大无形资产流失和创新扩散的风险（周园等，2012）。

2. 外部影响因素

Teece（1998）指出，企业的知识产权活动是一个动态概念，其能力发展受到外部因素的制约和驱动，并不断引导企业根据环境变化进行适应性调整。同时，考虑到中国情境下政府已经成为企业知识产权能力建设中最重要的利益相关者，政府行为也被纳入外部影响因素分析框架之中。

一系列研究已经表明，经济增长、行业特征和市场需求显著影响企业的专利产出。通常，经济增长能够激励企业加大研发投入、扩大规模效应以及提升技术进步水平，对企业的专利创造产生积极作用（Duguet，E. et al.，1998）。行业特征对企业知识产权行为的影响则主要表现在模仿创新的速度和成本（Brouwer，E. et al.，1999）。实证研究表明，专利申请倾向存在显著的行业差异。创新越易被模仿或技术含量越高的行业，企业的专利创造和保护倾向越强。市场需求也被视为企业知识产权运营的重要环境因素。王重鸣等（2014）认为，企业的知识产权市场化行为受市场需求导向的影响，而且市场需求规模的增大有助于激励企业增加知识产权的许可价值。

在外部环境影响方面，相关研究涉及地区技术水平、外部知识产权保护及政府角色三个因素。其中，地区技术水平作为地方产业经济、科技发展和人才储备的集中体现，为知识产权开发和利用提供了技术和智力输入（Maillat，D.，1998）。有关外部知识产权保护对企业知识产权能力的影响研究主要基于创新外溢性理论中知识产权制度效应的分析。代表性观点认为，外部知识产权保护能够有效发挥"预期惩罚"的"信号桩"作用（汪丁丁，1992），有效约束企业侵权和创新扩散，取得高于边际成本的知识售价并激励知识产权申请，避免发生"劣币驱逐良币"现象（熊维勤，2011）。政府角色与企业知识产权行为之间的关系也是学界普遍关注的重点议题。一些学者认为，政府资助能够加大企业的研发投入，释放杠杆效应与溢出效应，对知识产权产出具有明显的激励效应（熊维勤，2011；林洲钰等，2015）。同时，国内企业也更加重视参与政府奖项、荣誉评选以获取资金补助和提升品牌声誉（薛元昊等，2014），这一点在国外文献中却不多见。另一部分学者则认为，政府资助的制度约束造成了研发投入的挤出效应，从而对知识产权行为产生消极影响（李永等，2015）。

回顾近年来相关文献发现，对企业知识产权能力影响因素的研究仍然具有割裂和碎片化特征，大多侧重于对知识产权能力的某一构成内容（如知识产权创造和产出）或某个特定类型（如专利能力）进行影响因素分析，综合而深入的研究尚不多见。由此可知，无论是从研究深度、广度还是方法来看，对知识产权能力影响因素的研究都有待进一步加强，主要表现在以下三个方面。首先，在研究深度上，影响因素不应局限于企业资源和组织管理特征方面，还应考虑与知识产权能力相关的其他因素，有必要从能力层面加强对影响因素的探讨和验证。其次，在研究广度上，影响因素的实证结果和规律大多是以工业企业为蓝本提出来的，理论框架的普适性有限。特别是将现有研究结论应用于不同类型的行业企业，可能会因知识产权表征形态、保护方式、运营模式等方面的差异而造成适用性争议，因而需要进一步探索和考证。最后，在研究方法上，现有研究普遍侧重计量模型、统计分析和结构方程模型等，而定量刻画与定性分析（如实地访谈和案例研究）相结合的交叉研究较为鲜见。为此，一些学者指出，应该运用理论分析、案例研究与实证研究等多种方法，通过系统归类和多重验证为理论新发现提供有力的事实证据和可供参考的现实经验（Somaya，D.，2012）。

（五）知识产权能力动态发展研究

企业知识产权能力会随着商业环境的变化（如激烈的知识产权竞争）而持续变化，是一个不断变革的动态过程。为了揭示知识产权能力动态发展的机制和规律，现有研究围绕能力形成条件展开了分析，而对知识产权能力发展机制的系统性研究甚少，只有少数文献围绕动态发展的某个环节进行了零星的探讨。

在能力形成条件方面，相关文献主要从知识管理（李文丽等，2011）、价值链（黄永春，2011）和战略管理（池仁勇等，2017）等角度展开研究，并提出了一些基本的概念模型。在知识产权能力动态发展方面，现有研究主要围绕能力发展中的某个议题进行探讨。例如，一些学者运用仿真方法分析了知识产权质押融资（徐静等，2015）、保护博弈（李正锋等，2016）和风险防范的动态过程（周园等，2012），揭示了知识产权局部运作过程中各因素的内在关系和发展模式。但目前仍然缺乏全面而系统的企业知识产权能力动态模型，未能真正打开能力发展的过程"黑箱"。

综合以上文献分析不难发现，学者关于知识产权能力动态发展的研究观点各异，缺乏共识性的理论基础而难以形成统一认识。鉴于此，未来研究有待在以下两个方面进一步完善。一方面，知识产权能力的形成和发展是能力构成要素协同作用的结果，未来研究应依据能力构成要素在知识产权活动各环节的作用及其内在逻辑，厘清相关影响因素与各能力构成要素的交互作用，从而为洞悉知识产权能力的动态发展提供概念基础。另一方面，对知识产权能力发展的动态研究不应局限于定性阐述，还要结合多种研究方法进行模型构建，并将其置于真实而变化的环境之中进行研究。例如，借鉴系统动力学和相关软件进行仿真研究，对于系统性分析知识产权能力发展具有重要的参考意义。

（六）文化创意企业知识产权能力相关研究

近年来文化创意领域的知识产权研究大致遵循两条发展脉络：一是立足于知识产权立法和制度设计的法律方面，剖析知识产权制度对文化创意企业知识产权行为的影响；二是关注知识产权行为在文化创意企业中的实际表现，相关主题涵盖知识产权创造、保护、运营等方面，主要针对知识产权实施过程进行细化研究。

一直以来，知识产权制度与企业创意、文化保存的合法性问题是文化创意领域知识产权研究的重要议题。不同于传统工业企业主要以《专利法》和《技术合同法》等为法律依据，文化创意企业的法律依据以《著作权法》《商标法》等为主。因此，现有文献主要从版权性质、保护范围、侵权标准界定等方面进行研究（Sean，A. P.，2017）。在互联网时代，以数字化传播为基础的知识产权运营新模式不断发展，旧有的知识产权制度在数字环境中的适用性（宋戈，2016）、开放性使用（施玮，2016）等也受到学界的广泛关注。与此同时，还有学者强调了文化创意领域知识产权地方执法的"双轨制"模式（谢晓尧，2015），以及政府监管（孙午生，2016）在知识产权制度建设中的重要作用。另一个核心研究领域是知识产权制度尤其是版权法对文化创意企业知识产权活动的作用效应。一种观点认为，知识产权制度为企业创新带来了预期收入保障，强化了技术传播对作品使用的正向效应（Montgomery，L. et al.，2009）。也有学者指出，版权和其他知识产权制度限制了创新，增加了知识扩散和流动的成本（董雪兵等，2006），在数字媒体融合和创意网络化经济的背景下，抑制效应更为显著。尽管学界观点各异，但是不少研究仍然表明，知识产权制度能够加强创意企业集聚、鼓励有效投资并将市场信息和创意资源引向企业（Andres，A. R.，2002），促进文化创意企业的创新和知识产权产出。

　　具体到文化创意企业层面，知识产权创造、保护以及运营引起了学界的关注。在知识产权创造方面，现有研究着重从文化创意企业的创新特性入手分析知识产权的基本形态，认为内容创新和科技创新之间的高度联系与融合是创新活动的独有表现（臧志彭等，2014；姜岩岩等，2010；金元浦，2016）。同时，学者针对文化创意企业知识产权精品生产力不足的现象展开探讨，认为应该通过加大研发投入、吸引创意人才、充分运用全媒体手段、拓展创意表达手段等方式加以改进（鹿丽萍，2011；潘怿晗，2015；杨祝顺，2017）。在知识产权保护方面，现有研究发现知识产权防御和维权水平整体较低（邹龙妹，2012），表现在企业知识产权防御策略混乱（杨德桥等，2013）、保护技术落后（孙玉荣，2014）等，已成为制约文化创意企业知识产权发展的瓶颈。有学者建议，文化创意企业应该制定复合型保护战略，结合不同的知识产权形式固化创意内容和技术创新成果，保障各类知识产权的互补协同（张杰等，2016）。特别是移动互联网带来的知识信息高度共享性对平衡知识产权权利人与信息发展的关系有了更高的要求，迫切需要企业建立强制性的复制执法机制保护正版产品和打击盗版（资武成等，2017）。在知识产权运营方面，知识产权衍生开发模式、商业化策略和多元融资成为当前研究的热点议题。相关研究强调要依托运营平台、大数据驱动和媒介融通等进行知识产权孵化、投资、授权、联动和反哺，推动"长尾效应"形成（袁丽娜，2017）。此外，知识产权商业化策略也是研究的重要内容，现有研究主要探讨了许可策略和营销策略两方面。其中，知识产权许可策略研究侧重于分析不同条件下和各式合同中涉及的许可费用、可用性和独占性等，营销策略研究则强调了内容、平台和服务一体化的重要性（李为，2016）。知识产权质押融资是知识产权运营研究中的另一个核心议题。调查发现，文化创意企业具有轻资产特性，难以达到银行贷款的质押物标准，导致企业面临融资手段缺乏、质押担保物少、价值评估难等问题（杨东星等，2013；魏亚平等，2015）。为了缓解融资困境，一些学者认为应该构建公平成熟的直接融资环境（李义杰等，2016），加强与金融机构的信息沟通（张曼，2012），健全《担保法》和《物权法》的实施细则（孙午生，2016），从而快速发现、筛选和运作高价值的知识产权。在此过程中，政府的融资措施也是至关重要的。张曼（2012）借鉴国外创意企业的知识产权融资手段，建议通过税收抵免、财政豁免、种子和启动基金、风险投资等形式，为文化创意企业的知识产权运营提供充分的经济支持。

（七）评述

通过梳理现有文献可知，文化创意企业知识产权研究既是理论研究的重要课题，也是文化创意产业发展实践的迫切需要。然而，已有研究主要限于法理分析、现象描述和对策阐述，鲜有文献从能力视角将知识产权全过程纳入整体框架进行研究，全面系统地分析知识产权作为一种无形资产是如何被文化创意企业创造、保护、管理并最终实现资本化和市场化的。因此，应该在科学认识文化创意企业知识产权能力内涵、构成及测度的基础之上，进行影响因素的特质性探索和实证检验，以更广阔的视野将文化创意企业知识产权能力体系概念化为一个复杂而综合的价值转化和增值过程，从而清晰地揭示知识产权能力提升的内在规律，探索其实现机制。针对以上不足，笔者认为应该在以下三个方面做出进一步努力。

一是基于企业能力理论、知识管理理论和创意价值链理论，深化文化创意企业知识产权能力的内涵、构成及测度研究。企业能力理论和知识管理理论有助于揭示知识产权能力的一般规律，而创意价值链理论阐述了创意内容在企业生产经营中的价值实现过程，是文化创意企业知识产权活动及其能力发挥所遵循的基本框架。因此，应借鉴上述理论开展文化创意企业知识产权能力的内涵、构成和测度研究，弥补传统研究范式的不足，丰富与拓展现有知识产权能力研究。

二是在科学把握文化创意企业知识产权能力内涵、构成及测度的基础上，探寻文化创意企业知识产权能力的影响因素，从资源、能力及外部环境多个层面构建分析框架。同时，结合文献分析、案例研究和定量研究等多种方法，从理论与实践两个方面验证各因素的影响，弥补现有研究未能捕捉到的丰富的现实细节，增强研究结论的实证说服力。

三是以知识价值链和创意价值链为基本框架，将文化创意企业知识产权能力的构成要素、影响因素及外部环境纳入过程性分析之中，揭示各构成要素的功能及其对知识产权能力的作用机制。同时，在研究方法上，借鉴动态仿真的相关研究方法，厘清不同影响因素在知识产权能力发展过程中的结构关系及动态效应，探索文化创意企业知识产权能力提升的内在规律。

三　文化创意企业知识产权能力的研究内容与设计

（一）研究内容

为了系统而深入地回答"如何提升文化创意企业的知识产权能力"这一核心议题，本书将解析文化创意企业知识产权能力的内涵、构成、测度及影响因素，揭示知识产权能力的动态作用机制，寻找知识产权能力提升的有效路径，并提出科学合理和切实可行的对策建议。

子研究一：文化创意企业知识产权能力的内涵、构成及测度。

科学分析文化创意企业知识产权能力的内涵及构成不仅关乎测度指标的选取，也关系到对影响因素和作用机制的研究，是本书的逻辑起点，也是后续章节的基础。传统的以一般工业企业为蓝本的知识产权能力概念与测度体系难以契合文化创意企业的知识产权能力特征和管理实践，因此需要对文化创意企业知识产权能力的内涵、本质及构成要素进行清晰界定。本书系统回顾和梳理了知识产权能力研究的相关文献，基于企业能力理论、知识管理理论及创意价值链理论，对文化创意企业知识产权能力的内涵、本质和构成要素进行学理性剖析，并对知识产权能力的特性、发展特征进行解析。在此基础上，综合运用文献研究、案例研究、专家审议、问卷调查及统计分析等多种方法，遵循理论分析与实践相结合的思路，构建了文化创意企业知识产权能力测度指标体系。以陕西省百家文化创意企业为样本进行实证研究，通过数据收集、指标筛选和信效度检验，验证测度指标体系的科学性和合理性。

子研究二：文化创意企业知识产权能力影响因素的识别和验证。

在上述研究的基础上，分析文化创意企业知识产权能力影响因素的静态效应，为后续动态研究知识产权能力系统的运作过程和寻找能力提升路径提供依据。首先，梳理国内外关于知识产权能力影响因素和创意价值链驱动因素的文献，构建文化创意企业知识产权能力影响因素分析框架。其次，选取12家具有代表性的文化创意企业为研究对象，运用案例研究方法，对知识产权能力影响因素的作用进行描述，从而进行解释性验证并提出研究命题。最后，结合理论分析与实践检验提出研究假设，以百家文化创意企业为样本，运用多元回归分析方法开展更大范围的实证研究，定量分析各因素的影响，总结理论新发现和管理意涵。

子研究三：文化创意企业知识产权能力系统的动态作用机制及其优化路径。

首先，在准确把握文化创意企业知识产权能力内涵、构成、测度和影响因素的基础上，将文化创意企业知识产权能力视为一个开放、复杂的适应性系统，根据系统动力学原理和方法，从知识产权能力的系统特征、模型边界和要素因果关系出发，科学设计知识产权能力各个子系统与外部环境的交互过程，绘制因果回路，构建知识产权能力系统的整体概念模型并阐述循环反馈过程。其次，合理设置系统动力学方程，以西安维真视界影视文化传播股份有限公司的调研数据为依据，进行模型调试、检验和修正。最后，开展政策分析，归纳文化创意企业知识产权能力各构成要素及其影响因素之间的动态作用过程，探析知识产权能力发展的动力和内在作用规律，进而揭示知识产权能力提升的路径。

子研究四：文化创意企业知识产权能力提升的对策与建议。

结合文化创意企业知识产权能力测度、影响因素和系统动态分析，总结文化创意企业知识产权能力的现状、问题和提升的基本路径，分别从宏观层面和微观层面进行对策分析，形成政府、企业、社会三方主体联动协同格局，政府政策引导、企业主动创新和社会积极参与，共同推进文化创意企业知识产权能力建设，最终增强企业的市场竞争力，实现文化创意产业创新与可持续发展。

（二）研究设计

1. 研究方法

本书以明确的范畴界定为前提、以规范的理论分析为基础、以实证数据和文本数据为依据，围绕上述四个方面展开探索和检验。具体而言，运用的研究方法主要有文献研究法、案例研究法、问卷调查法、统计研究法、系统分析法等多种，能够优势互补，提高研究的可靠性。

文献研究法。本书系统梳理了企业能力理论、知识管理理论、知识价值链理论和创意价值链理论，借鉴了国内外知识产权能力的相关研究，厘清了知识产权能力领域、文化创意企业知识产权领域的研究现状、主要观点、研究思路以及存在的不足之处。

案例研究法。本书对理论框架中的知识产权能力测度指标和影响因素进行实践层面的检验，基于丰富的调研资料揭示了影响因素的作用细节。在案例分析过程中，主要通过个案访谈、资料查阅等多种方式采集数据信息，并以 ATLAS. ti 软件进行质性研究。

问卷调查法。首先，以问卷调查形式征求文化创意企业管理者、知识产权管理专家等关于企业知识产权能力测度指标选取和量化方法的意见，通过内容效度评判完成指标筛选。其次，通过问卷调查采集企业知识产权能力测度及影响因素的现实数据，进行实证研究。最后，为知识产权能力动力学模型提供数据支持。

统计研究法。本书主要运用 SPSS 20.0 软件进行描述性统计、因子分析和信度效度检验，并运用多元回归方法验证影响因素的效应。

系统分析法。本书将文化创意企业知识产权能力作为一个适应性的开放系统，运用系统学理论揭示知识产权能力各影响因素的作用，探明知识产权能力的提升路径。在此基础上设置系统动力学方程，运用 Vensim PLE 软件进行仿真模拟分析。通过政策实验分析，探寻知识产权能力系统的内在发展规律和动态作用机制。

2. 技术路线

本书遵循文化创意企业知识产权能力"内涵及构成分析—测度实证分析—影响因素识别及实证检验—动态效应及提升路径分析—对策与建议"的研究主线，围绕四个子研究层层深入，具体技术路线如图 1-1 所示。

四　本书的创新之处

基于"如何提升文化创意企业的知识产权能力"这一问题，本书开展了四项相互关联的子研究，综合运用文献研究法、统计研究法、案例研究法、系统研究法、问卷调查法等多种方法，对文化创意企业知识产权能力的内涵、构成、测度、影响因素及作用机制进行了全面而深入的研究，揭示了知识产权能力提升的路径，提出了相应对策建议。总体而言，本书的创新点如下。

创新点一：构建了文化创意企业知识产权能力运营的基本理论框架。

基于企业能力理论和创意价值链理论，本书对文化创意企业知识产权能力的内涵进行了界定，指出文化创意企业知识产权能力的独有特征在于创意价值实现的导向性，本质是累积性知识。进一步地，依据知识管理理论和创意价值链理论，从知识流程和知识基础管理两方面解析文化创意企业的知识产权行为，明晰了知识产权能力的要素构成，并以创意增值的关键环节为依据，确立了从能力构成视角构建知识产权能力测度指标体系的合理性。最终，本书构建了文化创意企业知识产权能力运营的理论框架，较为系统地揭示了知识产权能力在文化创意企业生产经营和价值增值活动中的重要作用，为深入研究文化创意企业知识产权能力的内在规律提供了理论参考和借鉴依据。

创新点二：识别并验证了文化创意企业知识产权能力的影响因素。

本书系统地梳理和挖掘了文化创意企业知识产权能力的影响因素，构建了包括资源、能力和外部环境三个层面共 11 个影响因素在内的分析框架。在此基础上，运用案例研究方法对影响因素与知识产权能力的关系进行了解释性验证。从理论分析和企业实践两个层面研究了影响因素的作用，

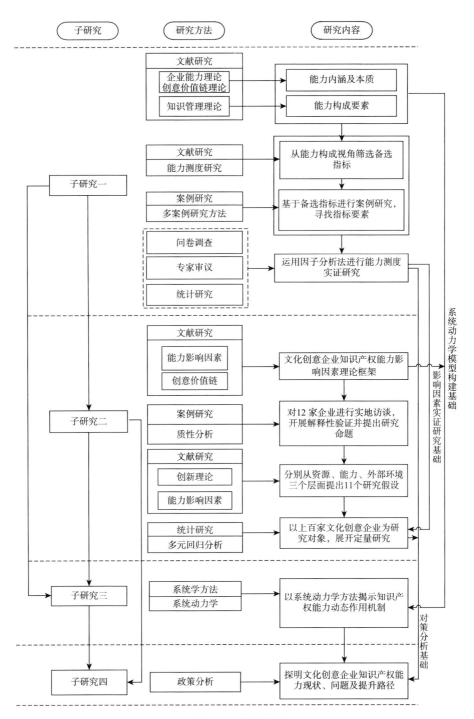

图 1 -1 技术路线

弥补了现有文献偏重文献演绎、定量分析而忽视案例研究的不足，使得理论框架更贴近事实和更具有说服力。进一步地，本书运用多元回归方法验证了影响因素的作用，从定性和定量相结合的角度进行了较为充分的研究，丰富了文化创意企业知识产权能力影响因素研究的理论图景。

创新点三：揭示了文化创意企业知识产权能力系统的动态作用机制，阐明了知识产权能力的提升路径。

已有研究尚未从动态角度分析知识产权能力的作用机制，本书通过系统动力学方法构建了文化创意企业知识产权能力系统仿真模型，有助于揭示文化创意企业知识产权能力发展的一般规律，明确知识产权能力提升的动力机制和路径，克服了现有研究的局限性，不仅为文化创意企业知识产权能力发展研究提供了新思路，而且能够围绕相关影响因素提出系统的政策建议。

第二章

理论基础与架构

本章将系统梳理企业能力理论、知识管理理论、知识价值链理论和创意价值链理论，在明晰文化创意企业概念和确定研究边界的基础上，界定文化创意企业知识产权能力的内涵及本质，揭示知识产权能力的基本构成要素，结合知识价值链理论和创意价值链理论剖析知识产权能力发展的一般规律，由此构建文化创意企业知识产权能力理论框架。

一　企业能力理论

企业能力理论的发展始于学界对竞争优势来源的探讨，该理论注重从企业内部资源、动态能力和知识积累等方面阐述竞争优势的形成机制，弥补了以往将企业竞争优势视为外生因素的研究局限。长期以来，以迈克尔·波特为代表人物的产业结构理论认为，产品的市场销售和资本回报取决于产业吸引力，产业的竞争状况和强度是决定企业赢利潜力的关键因素。因此，企业的战略导向应该聚焦于产业定位。然而，这一视角过于强调外界环境的绝对影响，而忽视了企业自身竞争能力的提升，从而导致企业频繁转换行业。同时，越来越多的研究者发现，同一产业内的企业往往存在较大的获利差异。这促使学者将关注点从外部环境转向企业的自身条件，研究发现企业资源和能力对竞争优势的影响更为显著，由此促进了企业能力理论的发展和深化。

企业能力理论的思想和基础可追溯到亚当·斯密的劳动分工理论和马

歇尔的企业成长理论。其中，劳动分工理论从提升生产率和节约劳动成本两方面分析了劳动分工对经济增长的影响。具体到企业微观层面，企业成长理论认为，内部不同的分工带来了职能部门的细化和区分，进而发展出不断深化的各种专业技能和知识，并推动企业成长。

（一）基于资源基础观的企业能力理论

随着研究者将竞争优势的关注点聚焦于企业内部条件，资源基础观成为理解企业竞争优势的重要理论框架（Prahalad，C. K. et al.，1990；Amit，R. H. et al.，1993）。

该理论流派将企业假定为资源的集合，认为资源在企业之间呈异质分布且不能完全自由流动，由此导致企业资源的差异和稀缺。这种资源禀赋的差异能够使企业以低成本生产出高质量产品，从而获得竞争优势（Wernerfelt，B.，1984）。学界对资源的定义是广泛的，不仅包括实物资源（如专业设备）、组织资源（如卓越的销售能力、组织程序、企业品质）、还包括人力资源（如专业知识、技能）及其他无形资源（如信息、品牌知名度）等，但是并非所有资源都能带来竞争优势。有学者认为，当企业拥有的资源具有 VRIN 属性，即满足价值性（Value）、稀有性（Rareness）、独特性（Inimitability）和不可替代性（No-Substitutability）时，就能够促使企业通过价值创造策略进入产品市场或设置门槛，从而保证利润水平和超额租金的获得，最终实现可持续、不易复制的竞争优势（Amit，R. H. et al.，1993）。最终，相对于有形资源，知识积累、创新流程、品牌美誉度等无形资源因其隐性黏性和不易复制性被视为企业潜在创新的催化剂和竞争优势的关键资产。

作为创新成果的法定所有权，知识产权随之成为企业的重要战略资源，主要表现在以下三个方面。首先，知识产权制度赋予的垄断权为创新预期收入提供了合法保障，有效地解决了资源的复制性、模仿性和外溢性问题。同时，知识产权有助于形成竞争壁垒和赢得法律诉讼赔偿（Teece，D. J.，1998）。其次，知识产权本质是独创性（原创）智力产物，其资源的存量和质量不仅代表着企业现有技术应用、创意思想的独特性和前沿水平，而且涉及企业最核心的知识诀窍和商业机密，是企业的生命线和产品开发的必要条件。最后，知识产权具有重要的经济价值。一方面，知识产权能够通过市场化和商品化实现知识与资本的转化并获取交换价值，知识产权资产组合的积累也成为企业并购联合与合作研发的重要议价资源（Di，M. A. et al.，2013）。另一方面，知识产权可以通过战略制定对专有市场优势进行科学预估，极大地提升创新成功的可能性，保障企业的创新绩效（Teece，D. J.，1998）。因此，知识产权是企业核心的战略资源，企业对知识产权日益重视，促进了 20 世纪 90 年代以来知识产权申请数量的迅猛增长。

值得注意的是，资源基础观对竞争优势的解释存在一定的局限性，仅承认和揭示了资源特别是知识作为战略资源的重要价值，但其本质上是一个静态的理论，未能结合时间的演化阐述如何开发和管理知识资源以获得竞争优势。技术的日新月异和市场竞争的激烈多变，加快了企业之间的资源流动，也在一定程度上造成资源异质性的消解。然而，资源基础观却没有对知识异质性的持续存在做出合理的解答，也没有解释知识隔离机制的长效性来源（Leonard-Barton，D.，1995）。

（二）基于动态能力观的企业能力理论

基于动态能力观的企业能力理论是在对资源基础观的反思和修正中发展而来的，由演化理论、交易成本理论、组织学习和隐性知识概念整合而成，揭示了企业成长和竞争优势形成的新机制。该理论认为，保持竞争地位不仅在于企业的核心战略资源（特别是知识基础），还在于人的知识、技能及其有效配置，特别是企业从知识资产中获取经济回报的动态能力。具备这种动态能力的企业能够比竞争对手以更快的速度适应不断变化的环境，由此保持资源异质性及隔离机制的长期持续，从而赢得稳定的竞争优势。

核心能力附载于组织的累积性学习之中，通常与组织流程相结合以促进企业意愿目标的实现。进一步地，Leonard-Barton（1995）运用核心能力分析了企业的产品开发，发现尽管核心资源和技术能够有效促进研发，但是其路径依赖性也容易导致动荡环境中的核心能力刚性，进而抑制企业发展。

面对核心能力刚性和难以长期发展的挑战，Teece（1998）将核心能力扩展到动态市场并提出了动态能力概念，即整合、建立和重新配置企业能力以应对快速变化和难以预测的环境的能力。该理论的核心是企业需要不断地更新资源和提升能力，确保拥有适合当前业务环境的组织资源（包括知识）和运营流程，而企业的资产状况和发展路径影响组织与管理过程。从这个意义上说，动态能力理论与熊彼特的创新观点具有相似性，即竞争优势的实现是基于对现有资源的"创造性破坏"和能力的"新组合"。由于资源、能力的重新配置依赖于企业在研发、营销、人力资源和信息系统等领域的知识，因而关注知识运作并形成新的资产组合和获取经济租金尤为重要（Lanjouw，J. et al.，2000）。

知识产权作为企业知识活动的专有性保障和重要依托，其运营和转化关乎经营绩效和发展战略，因而知识产权获取、保护、使用及管理能力逐渐受到关注。Teece（1998）、向征等（2015）认为，知识产权能力是一种重要的动态能力。一方面，知识产权开发、更新、运营和战略布局源于市场变化，企业需要不断整合知识资源、调整研发决策和改进商业模式，以保持知识产权供给与需求相适应，最终取得市场地位并避免知识产权壁垒（Duguet，E. et al.，1998）。另一方面，随着企业知识产权积累和产品生命周期的更替，知识产权活动的成本和信息需求更高，要求更加专业的保护策略、更加精细的管理流程以提高知识产权的活动效率。因此，知识产权能力能够通过开发知识产权流程、依据市场制定有效决策、创造新的产权运营模式等，保障知识产权在动荡的市场环境和企业自身变革中保持异质性，而这正是企业竞争优势的主要来源。

从上述分析可知，相比于资源基础观，动态能力观更加注重企业能力的价值和作用。由于动态能力的形成依赖于知识学习和组织形式，因此资源基础观和动态能力观都指向了以知识观为基础的能力研究。

（三）基于知识基础观的企业能力理论

资源基础观和动态能力观已经认识到知识构成了企业能力的核心来源，企业通过持续创造、整合、转移和使用知识来促进能力提升。因此，有学者从过程视角研究知识与能力的概念（He，Z. L. et al.，2004），还有研究实证检验了知识对企业能力的促进作用（Gold，A. H. et al.，2001），并从知识—产品、知识—学习等路径探讨了企业能力的形成机制，由此形成了基于知识基础观的企业能力理论。

企业能力理论认为，企业能力存在于知识资源配置的情境之中，而知识状态的重构与存量的增长将带来能力的发展。Grant（1996）指出，由于独特的知识要素难以通过市场交易获得，因而能力的形成在于企业内部知识的积累和持续更新，包括知识成员的有效互动和在"干中学"过程中进行专业经验的整合。还有学者强调了外部知识获取的重要性。McEvily 等（1999）认为，通过构建外部知识网络能够学习和吸收所需的互补性知识，为企业带来新的市场信息和产品扩展契机，从而对原有知识储备进行重构，不断强化旧有能力或形成新的能力来源。企业现有的知识积累和结构（特别是大量隐性的默会知识）具有路径依赖性，在很大程度上决定着企业行为模式和组织惯例的改进方向，从而形成产品生产经营的特质并带来市场优势。因此，知识的差异带来了企业间能力的差别，其本质是企业依据内外部环境进行生产经营活动所形成的累积性知识（Alavi，M. et al.，2001）。

基于知识基础观的企业能力理论提供了从知识、组织学习入手解读知识产权能力的新视角。首先，知识对于知识产权能力具有重要意义。企业拥有的知识存量越大、种类越多，知识创新倾向越强，知识产权资源越多，关于知识产权保护、运营和管理的知识越丰富，知识产权能力越强。其次，知识产权能力的静态表征为知识储备水平，动态表征为对企业知识的运用、操作水平不断提高。可以说，知识产权能力是静态实体知识和动态过程知识的综合表现，具有波粒二象性的特征（李伟等，2011）。最后，知识产权能力离不开相关参与者（包括技术营销人员、律师、外部协同创新者和知识产权代理者等）的交流互动、知识共享、吸收整合、学习内化及知识活动的循环反复，反映了基于组织学习的知识创造与更新（Nonaka，I.，1994）。

综上可知，企业能力是"知识资产"和"知识过程"的组合。这种解释将知识资产和知识过程视为企业能力的基本要素，并将持续的能力发展与企业管理知识资产、学习认知和知识价值创造过程紧密结合。这不仅意味着企业能力的形成内嵌于知识积累、创新和应用以完成价值增值的过程之中，也表明有效的知识体系管理对于提升企业能力具有重要意义。

二 知识管理理论

企业能力理论表明，知识是企业最核心的战略资源，也是企业能力发展的基础和来源。如何对知识进行有效管理和提高企业知识价值，引起了学者的广泛关注，知识管理理论随之成为学界探讨的热点议题。该理论将企业的业务流程视为知识流动的过程，通过理解、关注和管理企业知识的创造、存储、共享和扩散以促进企业能力的发展（Ching Chyi Lee et al.，2000），最大限度地提高企业运作效率和价值创造水平（Wigg，K. M.，1997）。目前，知识管理理论主要从知识的客体属性、互动实践和能力培育三方面认识知识活动，基于对知识的不同界定形成了不同的研究路径，由此产生了基于对象观、过程观和能力观的三种知识管理流派。其中，基于对象观的知识管理理论关注知识存量的积累和知识库的建设，基于过程观的知识管理理论则将重点放在对知识流程的剖析上，而基于能力观的知识管理理论更多地从战略管理的角度强调核心能力的培育以提升知识的战略优势和促进智力资本的创造。

（一）基于对象观的知识管理理论

依据可表述性和可传达性，知识被划分为隐性知识和显性知识两类。其中，人类大脑中蕴含的、未被清晰表达的隐性知识能够通过个体智力或组织流程转化为文本、计算机信息、言语等外显形式。因此，知识是一种能够被个体或组织捕捉、编纂、储存和操作的对象，其积累程度影响行动能力。

基于以上认识，一些学者聚焦于知识储备和知识库（如智囊库、经验方法库和研发成果库）的研究，强调知识获取和占有是企业知识积累的前提，同时突出了知识库及检索系统建设在知识交流和应用中的重要地位。特别地，知识产权作为独占性的知识和技术动向的"信号桩"，与知识储备、信息管理和传播存在天然联系，是知识管理的研究内容和基本保障。首先，知识产权已经成为企业知识积累的重要方式和关键表征，是企业知识存储库中最宝贵的资源，知识产权也被纳入知识管理的对象范畴和重要的管理内容。其次，知识产权为知识存储提供动力和实施规范，促使知识积累良性循环。知识是智力劳动的产物，只有明确相关方的权益并实施知识产权保护，才能有效解决知识活动的外部性问题，避免因权属缺失或不当带来的各种纠纷，积极促进知识引进、吸收、整合和再获取的机制建设。再次，知识产权具有重要的信息利用价值，有助于维护企业核心知识存储以及提升信息检索、加工、适配和咨询决策功能，最大限度地保障知识管理的高效运作。最后，知识产权作为企业信息索引和传播的关键载体，能够帮助企业快速辨识外部知识发展现状和知识缺口，并利用信息技术搜寻互补性知识和完善知识结构。综上所述，知识产权正是通过丰富知识储备、激励知识创新以及引导信息运用而成为知识管理的基本目标和核心组成部分。

（二）基于过程观的知识管理理论

基于过程观的知识管理理论可追溯到 Teece 的知识流程思想。Teece 认为，知识本身并不必然创造价值，而是通过知识流程捕获、内化和整合新知识，改善企业现有的知识结构，提升知识储备水平，避免知识存量导致核心能力刚性，提升知识共享和运用的效果。因此，知识不再被单一地视为管理对象，而是涉及多种活动和行为协调的过程。

Wigg（1997）将知识管理视为与企业知识资产获益、处置、方案解决及条件环境相关的所有活动，以知识创造与获取、表征、转移和使用为核心，指出探索知识、评估价值和综合运用知识是支撑知识流程的管理职能，从而构建了"支柱型"知识管理框架。Leonard-Barton（1995）围绕知识型组织提出了由核心能力和知识活动组成的知识管理模型，认为共享和创造性解决问题、整合运用新的方法和工具、试验和原型设计以及从外部引进和吸收知识构成了知识流程的基本内容，从而形成以物质系统、员工知识与技能、管理系统、组织价值观为主的四个核心能力。Arthur（1996）将知识管理划分为辨识、获取、创造、结构化、共享、应用与调整六个流程，并且确定了促进知识管理运作的影响因素，包括领导力、标准、文化和技术。Alavi 等（2001）将知识管理定义为企业创造、储存、传播和利用知识资产以更好地为客户服务，并将知识管理进一步分为创造、索引、筛选、链接、传播和应用六个基础活动。知识创造是指通过汲取经验以及收集、综合和解释各种信息发展知识内容，知识储存涉及索引、筛选和链接，知识传播主要是以外显形式（如网页、模板、图形、多媒体格式等）打包和传递知识，知识应用是指使用已经收集、捕获和交付的知识进行产品生产与提供服务。

上述五种管理模型提供了不同视角下知识流程的具体框架。此外，还有一些研究如 Lai 等（2000）提出知识管理过程包括创建、存储、共享、使用，进一步地，还可细分为内部知识创造（Teece，D. J.，1998）、知识合作（Lanjouw，J. et al.，2000）、知识聚集（Grant，R. M.，1996）等。尽管对知识管理过程的描述存在差异，但是基本流程可以归结为知识获取与创造、知识储存与索引、知识传播与共享以及知识应用 4 个方面（如表 2 - 1 所示）。

表 2 - 1　知识管理的流程分析

代表观点	知识获取与创造		知识储存与索引			知识传播与共享		知识应用
Wigg（1997）	知识获取与创造		知识表征			知识转移		知识使用
Leonard-Barton（1995）	知识吸收和引进	知识创造	—			知识共享	知识实施和整合	试验和原型设计
Arthur（1996）	知识辨识	知识获取	知识创造	知识结构化		知识共享		知识应用与调整
Alavi 等（2001）	知识创造		知识索引	知识筛选	知识链接	知识传播		知识应用
Davenport 等（1997）	知识启动	知识探求	知识占有			知识传播		知识使用

知识产权作为知识管理的重要研究内容，其具体实施行为内含于流程活动之中，知识流程的有效开展有赖于知识产权以一种重要的实现手段支持知识运作（Lai，H. et al.，2000）。例如，在决定知识研发方向与评估储备水平过程中，需要运用知识产权信息明确知识开发前景并签订知识权属

契约；在知识传播和共享过程中，需要构建以知识产权保护为核心的外溢风险防范机制；在知识应用的市场化阶段，知识产权作为知识与市场联结的纽带，其运用过程是获取商业收益的重要基础。因此，知识流程与知识产权行为是一个相互交织、彼此作用的关系。

（三）基于能力观的知识管理理论

借鉴 Nonaka（1994）的研究，Alavi 等（2001）将知识界定为促使组织采取有效行动的一种能力，从而构筑知识资产的竞争优势。Watson（1999）指出，知识的学习和经验的积累意味着信息应用和决策能力的提升，显著影响组织的未来行为。从这一视角进行解读，企业更加注重以知识为基础发展核心能力以谋求市场竞争优势。事实上，知识管理与企业能力之间存在内在的必然联系。企业能力的本质是累积性的知识，而知识管理的特征之一就是依附于组织中的知识资源形成核心竞争力，两者之间共有的知识纽带构成了关系的内涵。为此，Ching Chyi Lee 等（2000）基于能力观将知识管理定义为一套新兴的组织设计、运营原则、流程、组织结构、应用程序和技术，可帮助知识型企业发挥创造力和交付商业价值的能力。

目前，学者主要从企业能力视角研究如何有效地促进知识管理，注重知识管理中相关能力的形成和发展。一些学者立足于知识流程，揭示了知识管理的核心能力构成。例如，Tanriverdi（2005）认为，知识管理一般涉及知识创造、组织、转移和应用四种能力；Teece（1998）从知识创造、获得、整合和配置的角度阐述知识管理的过程能力；黄蕴洁等（2010）更加注重知识存储能力和扩散能力的积极作用；郑刚等（2008）指出知识保护能力也是重要的组成要素，知识管理的核心能力应该由知识获取、使用、扩散和保护能力构成。

然而，知识管理涉及的核心能力不仅限于知识流程能力，还应该包括协调各种知识的组织行为、整合内外资源的活动乃至管理制度等方面，原因在于知识基础管理对于提高知识运作效率和发展能力是至关重要的。因此，Gold 等（2001）从基础管理和流程两个层面对知识管理的能力构成进行划分，即知识基础管理能力和知识流程能力（如图 2-1 所示）。其中，知识基础管理能力主要包括技术支撑、组织结构和组织文化三方面。具体而言，技术支撑能够保证企业高效地传播知识和处理知识，及时地跟踪顾客、供应商、合作者的知识情况。组织结构关乎知识活动的规范和信息机制，支持以正式制度和灵活形式共同促进组织跨部门、跨边界及跨产业链的交流和合作。特别是组织制度中的奖励和激励机制，在很大程度上决定着知识学习和创造的持续性，以及知识接收和流出的渠道，进而影响知识管理的有效性。组织文化的重要意义在于提供组织认同的目标以指导知识共享与创新。知识流程能力的界定则基于 Leonard-Barton（1995）、Teece（1998）等的研究，划分为知识获取与创造能力、知识存储与保护能力、知识转化与传播能力、知识应用能力四个方面。

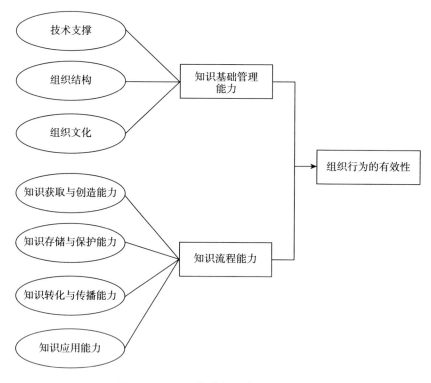

图 2-1　Gold 等的知识管理能力模型

基于能力观的知识管理理论分别从知识基础管理能力和知识流程能力两方面揭示了知识活动中核心能力的构成。而知识产权能力是企业的一种核心能力，对其组成要素的解析可借鉴能力观的基本逻辑。同时，由于知识管理未能与企业有形的物资流动、业务流程相结合，因此需要运用知识价值链理论，为全面分析知识产权活动及能力提供更为清晰的理论框架。

三　知识价值链理论

知识价值链理论的发展源于知识管理理论与价值链理论的相互融合，其核心思想是知识链支撑着企业的实体价值链，通过提升相关业务能力保障价值链各环节的增值，最终实现边际利润和竞争优势（Ching Chyi Lee et al.，2000）。一方面，知识管理理论揭示了知识流动经历了知识创造、知识存储、知识共享、知识应用等过程，由此构成了企业生产经营的知识链。然而，知识管理并未紧密结合实际业务操作过程，导致知识无法有效转化为市场价值。同时，缺乏业务流程的支撑也使得知识管理与企业能力失去了密切关联而流于形式。另一方面，价值链研究表明，知识已经成为影响企业价值流转的重要因素，企业的业务重点已经由以往的有形实物成本控制转向无形资产管理。因此，传统的价值链研究难以解释知识经济时代企业竞争力发展的重要议题。鉴于此，不少学者将知识链与价值链整合成知识价值链，促使企业的知识系统和业务系统相连，以更全面深入地分析企业能力形成和价值实现的过程（赵春雨，2011）。

（一）价值链理论

美国战略学家波特在《竞争优势》一书中首次提出价值链的概念，阐述了企业如何创造超过成本支出的价值以获利。所谓价值链，是指以企业的成本控制为目标，将原材料制造为产品并为满足顾客需求而开展的一系列相互联系又彼此独立的业务活动，每一个过程都能为最终产出赋予价值（Kogut，B.，1985），价值链贯穿于企业物质资料投入到顾客购买产品的全过程（Shank，J. K. et al.，1992）。进一步地，波特将企业价值链中的业务活动分为基本活动和辅助活动两大类。其中，基本活动包括进货、生产操作、出货、市场销售和售后服务，辅助活动涉及供应商采购、价格谈判、人力资源管理、信息管理和基础设施建设。

在此基础上，后续学者对价值链进行了修正与扩展。叶楠（2005）立足于企业的内外合作协同，将价值链细化为内部价值链和外部价值链两部分。还有研究者如 Jeffrey 等（1995）将传统价值链延伸至信息领域，提出了虚拟价值链这一概念以应对信息经济时代企业经营管理和竞争方式的变革。以往附属于实物生产的信息辅助性增值过程转变为价值创造的重要生产链，企业更加注重信息的收集、组织、挑选、合成和分配以实现网上供货管理、虚拟生产、网上库存和营销等，从而寻求新的市场机会和市场空间。虚拟价值链的提出将传统价值链从有形的物质资源拓展至无形的信息资源，是对旧理论的突破（杨林，2002）。由此，价值链理论也应将知识、信息等无形资源纳入核心价值环节，建立知识、价值与业务相统一的价值链体系。

（二）知识价值链

知识价值链是以实现客户价值为导向、以知识活动为基础，通过规范企业内部业务流程，整合企业知识链与价值链而构建的链路结构模式（刘二亮等，2007；徐建中等，2011）。目前，Weggeman（1997）、Ching Chyi Lee 等（2000）、Yong-Long Chen 等（2004）、黄卫国等（2006）从知识价值链的价值创造、模型构建等不同视角对知识价值链进行了较为深入的探讨。

Weggeman（1997）基于战略管理和知识差距分析了知识链的价值创造（如图 2 - 2 所示），强调该过程是在明确战略需求和企业知识缺口的情况下进行的，新的知识必须共享、扩散并被用于服务客户和企业利益。

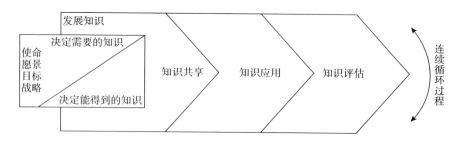

图 2 - 2　Weggeman 的知识价值链模型

还有一些学者借鉴波特的价值链概念构建了知识价值链模型。例如，Ching Chyi Lee 等（2000）将价值链引入知识管理理论，提出知识价值链主要由知识管理的基础活动、流程及绩效输出组成。同时，Ching Chyi Lee 等注重知识链与业务链的整合，认为过程性的知识管理和相应核心能力的形成支撑着波特价值链中的五种具体业务，二者共同作用带来了各个生产经营环节的价值增值，最终实现知识价值的转化（具体过程如图 2-3 所示）。其中，价值的增值根植于企业业务开展所需的能力，而能力的形成源自知识价值链的对应环节，如支撑进货后勤（IL）的知识价值链促使企业获得与进货业务相关的能力，从而带来了该业务环节的价值增长。最终，所有业务过程的知识价值创造整合为知识价值链，由此形成企业能力并最终形成竞争优势。

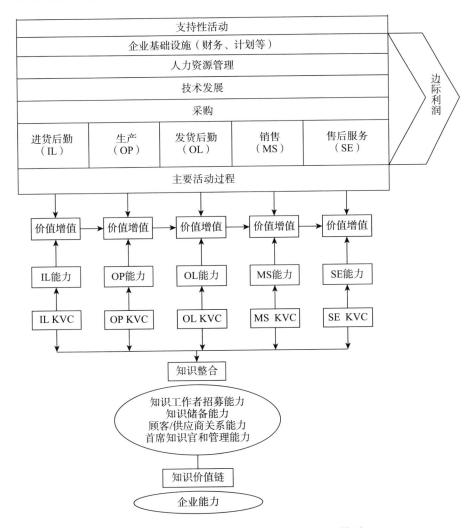

图 2-3 Ching Chyi Lee 等的知识价值链模型

Yong-Long Chen 等（2004）提出了整合多元理论的知识价值链模型（如图 2-4 所示），主要包括知识输入、知识活动与价值输出三方面。其中，知识输入的分析借鉴了彼得·德鲁克等（2002）的观点，强调了知识对于企业竞争的重要意义。知识活动的设计则依据波特（1997）的价值链理论和 Nonaka（1994）的知识创造理论。价值输出结合了平衡计分卡及多元智慧研究，注重从财务绩效、顾客满意度和学习成长等方面考量价值产出。

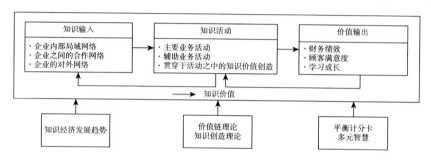

图 2-4 Yong-Long Chen 等的知识价值链模型

参照 Yong-Long Chen 等（2004）、Weggeman（1997）和波特（1997）的研究，黄卫国等（2006）将愿景与战略融入知识投入—知识活动—知识产出模型之中，并从商业价值角度将知识定义为智力资本（如图 2-5 所示）。该模型认为，知识投入和知识产出均会影响企业的知识差距，从而带来愿景与战略的调整并进一步作用于下一轮的知识价值生成过程。此外，不同于 Yong-Long Chen 等（2004），黄卫国等（2006）借鉴知识管理的流程分析，将知识价值实现过程划分为获取、创新、共享和应用四个阶段，由此形成了支撑企业实体业务活动的核心能力，最终促进利润的持续增长。

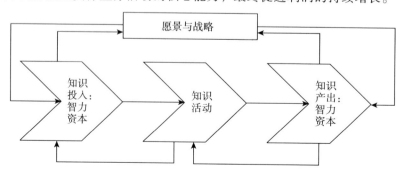

图 2-5 黄卫国等的知识价值链模型

通过以上分析不难发现，企业能力的形成与发展是在知识战略目标的导向下，以知识管理基础活动和知识流程为依托，以智力资本输入、物料投放、合作网络、技术发展等要素为驱动，促进能力水平的持续提升并对业务链增值和边际利润产生积极作用。具体到知识产权能力领域，由于知识产权能力是以知识活动为基础，以企业价值增长和竞争优势为目标，其形成过程同样是在知识链与价值链的融合中实现的，因此知识价值链能够为企业知识产权能力形成与发展机制研究提供普适性的理论框架。从产业角度进一步审视，不同产业（行业）中企业的知识产权能力的内涵及其实现方式有所差异，应该根据行业性质运用相应的价值链构建能力模型。

四　创意价值链理论

随着全球消费时代的到来，知识商品越来越强调消费者精神需求的满足和社会意蕴的重要性，更加注重设计情感、体验、文化内涵、价值观念等创意元素的注入以提升产品的使用价值（王众托，2012）。创意赋予了知识商品观念价值、美学价值，激发了消费者的购买兴趣。因此，创意企业应运而生，其创意活动逐渐引起学界的重视。一些学者将价值链引入创意研究，以期揭示企业创意的增值过程，促进了创意价值链研究的发展。

（一）创意与创意价值

所谓创意，是指人们在实践活动中通过认知和理解而产生的具有新颖性的思想、点子和立意等，既是一种以脑力劳动为主导、具有知识财产属性并由知识产权制度保护的智力成果，也是技术和文化等创新活动的起因，本质是个体的创造力（厉无畏等，2006）。从创意的内涵界定中可以看出，创意作为个体智力的劳动产出受到知识产权法的保护，并以知识产权形式进行出售、转让或引进（梁文卓等，2015），因而与知识产权具有天然的内在联系。

目前，学界对创意价值的研究主要是从不同的视角界定创意价值的构成内容。创意经济学开创者 Throsby（2001）从价值的效用性角度分析了文化在创意产业中的重要性。他认为，创意产品具有某种知识产权的形式，并通过传递文化内涵、价值取向和象征意义满足消费者的精神需求，因而创意效用的最大化由文化价值和经济价值共同决定。李沃源等（2015）从创意产业的经济形态和意识形态两方面剖析了创意产品的价值构成，指出创意价值兼具商品的经济价值和包括娱乐、精神品位等在内的社会文化价值，而知识产权是创意价值实现的重要载体。Scott 等（1994）、Caves（2000）则从消费者娱乐和艺术审美角度揭示了创意价值的来源在于美学和文化意义。"创意产业之父"约翰·霍金斯指出 Caves 的观点存在局限性，认为创意可以发生在任何地方并以知识产权成果为产出，创意不仅涉及"文化"的创意，也包含了"科学"和"技术"的创意，因此创意价值主要由技术价值、文化价值和产品本身所具有的经济价值三部分组成，体现在无形的知识产权和有形的载体之中。厉无畏等（2006）也强调了创意产品不应忽视科技的重要性，最终到达消费者的创意包含了观念价值、功能价值和经济价值。杨永忠等（2017）的观点与约翰·霍金斯、厉无畏等较为一致，认为应该立足于文化、技术、经济三位一体的视角解构创意价值。

综合以上学者的观点不难发现，多数观点认为创意产品具有多属性、多维度的价值结构特征，并以知识产权形式为具体表征，相关维度大致可划分为技术价值、文化价值和经济价值三方面。

（二）创意价值链的内涵及特征

创意价值链（Creative Value Chain，CVC）是指从创意激发到创意成果市场化和产业化的过程中创意增值的链条集。这一概念由刘友金等（2009）基于波特的价值链理论提出，从创意源（H）、原创构想（O）、方案设计（D）、试验模型（M）、初步市场化（P）以及创意产业化（I）六个关键组织节点分析价值链活动，由此构成创意活动的文化、技术及经济三大价值实现系统（如图 2-6 所示）。其中，H→O 表示借助创意灵感将文化元素（A）加工为作品并申报各类知识产权保护，D→M 代表通过技术手段呈现原创构想、形成创意产品模型和打造知识产权系列，P→I 代表以知识产权为交易介质进行创意产品的市场营销，以及通过其他类型载体或表现形式实现创意内容的衍生推广，最终带来创意的经济效益。

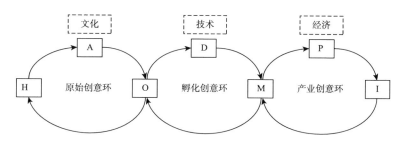

图 2-6 刘友金等的创意链三环组织结构

一些学者进一步分析了创意价值链的基本特征，认为尽管创意价值链的发展源于价值链理论，但是与波特的价值链存在显著的差别，表现在以下四个方面。

第一，创意价值链的生产要素以思维、技巧等无形资产为主，而波特的价值链必须依赖物质投入才能进行价值创造和增值。此外，创意产品的生产与制造离不开"符号作品"（如艺术形象、美感设计、思想内涵等）（Throsby，2001），其无形、抽象的创意内容被视为价值链的关键环节，而波特的价值链中各个环节均以有形实物为价值载体。

第二，创意增值与贬值与传统产品有一定的差异，往往取决于消费者对符号意义的感知、解读和体验，因而创意的核心价值更多地体现在内容含量而非物品价值（何琦等，2013）。同时，创意产品的市场营销和价值实现有赖于消费者的感受、体验。

第三，创意内容的可复制性、非损耗性与共享性带来了创意制作和扩散环节具有"一次生成、多次利用"的特性，有助于跨边界、跨产业的价值共创，由此形成了多种利润生成机制和巨大的长尾效应。波特的价值链则强调在一次性生产和消费中完成物质商品的价值提升。

第四，创意价值的实现具有明显的知识产权运作特征。何琦等（2013）认为，创意的核心价值体现在知识创新和知识产权之中，创意市场价值的实现实际上是以知识产权为核心的知识活动不断增值的过程。彭辉等（2012）分析了创意价值增值中知识产权的运作流程，指出价值链形成过程同时也是知识产权创造、开发、交易、消费的过程。

（三）创意价值链的基本内容

现有研究主要从创意业务流程、创意价值链管理活动和创意增值的驱动因素等方面分析了价值链的构成内容，为进一步丰富创意价值链模型奠定了理论基础。

1. 创意业务流程

林明华等（2014）基于刘友金等的创意价值链，提出创意价值中文化、技术和经济的融合是通过文化资源、内容创意、生产制造、市场推广和消费者等环节实现的。何琦等（2013）认为创意增值过程遵循创意→创意产品→创意商品→创意衍生的路径（如图2-7所示），并通过知识产权形成、交易和资本化完成价值生成、创造和开发。彭辉等（2012）的创意价值链如图2-8所示，知识产权创造、保护、开发、交易与消费贯穿其中。李沃源等（2015）构建了基于创意流程的复合价值框架，指出创意价值是初始创意→创意方案→创意产品→创意商品→初始创意的循环反馈过程。

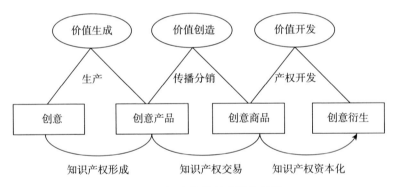

图 2-7　何琦等的创意增值过程

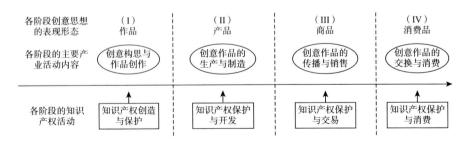

图 2-8　彭辉等的创意价值链

结合现有研究中的创意流程，本书将创意增值过程归纳为创意源获取、创意生成与制造、创意储存、创意营销与推广、创意消费与体验五个环节（如表2－2所示）。其中，创意源获取是指企业从外部创意源中捕捉到创意的点子、素材和灵感等，其智力成果的吸收以知识产权引进为主要形式；创意生成与制造涉及原始构想的形成和产品的制造，表现为以著作权、专利等为代表的知识产权自主开发；创意储存则包含产品储存以及创意内容与技术的积累，通过选择性地进行知识产权申报和确权进入企业创意库；创意营销与推广强调依托知识产权共享和传播进行创意商品化与衍生；创意消费与体验是通过商品消费和互动体验进行价值转化，其中涉及知识产权的商业化和资产化活动，也包括以行业（技术）标准进行垄断竞争和树立品牌。

表2－2 创意增值过程

创意流程	创意源获取	创意生成与制造			创意储存	创意营销与推广		创意消费与体验	
	创意源获取	原始构想	技术试验	创意产品生产	产品储存	创意商品化	创意衍生	商品消费	创意体验
刘友金等（2009）	√	√	√	√		√	√	√	√
林明华等（2014）	√	√		√	√	√		√	
何琦等（2013）		√		√		√	√	√	
彭辉等（2012）	√	√		√	√	√			√

注：打"√"表示文献中所提及的流程部分。

2. 创意价值链管理活动

由于创意价值的创造和转化源于专业的多重分工和各个流程的有效协调与管理，创意价值链管理开始引起学界重视。相关研究主要围绕战略决策、组织模式和以知识产权为核心的管理制度进行探讨，以期促进价值传递的协同化和可持续发展。

杨永忠等（2017）基于游戏产品的创意价值链分析了竞争战略对价值实现机制的影响，揭示了差异化战略、成本战略和市场细分战略目标在价值链主导环节以及文化、技术与经济融合的基础媒介上存在显著差异。刘友金等（2009）从战略选择、人才激励和规章制度等方面探讨了价值链管理行为。还有学者如杨张博等（2013）分析了知识产权制度下企业创意价值链的管理活动。研究认为，创意产品的文化价值、技术价值和经济价值是以知识产权为基础进行有效融合的。因此，通过各个价值环节中的知识产权活动能够有效促进企业创意资产的最大化。进一步地，学者从各个流程的管理制度、规范化统筹机制、知识产权组织以及创意管理目标等方面提出了对策和建议。张静静（2015）提出创意价值的实现依赖于知识产权的主动使用、被动防御及市场垄断，并从价值评估、维护和创造环节分析了知识产权投资战略及融资战略。

3. 创意增值的驱动因素

现有研究以创意价值流程为基础，分别从内部影响和外部支持条件两方面分析了价值驱动的重要因素。由于这些因素是影响创意活动和价值增值的关键因素，在一定程度上也将对以创意价值实现为目标导向的知识产权行为及能力发挥产生影响。因此，创意增值的驱动因素研究为识别文化创意企业知识产权能力的影响因素提供了理论参考。

在企业内部层面，学界关注了与价值输出密切联系的智力资本、社会资本，以及包括体验营销和平台构建在内的组织行为。其中，以人力资本为核心的智力资本被视为创意价值生成的不竭动力（于泳波等，2016）。Galbraith（1997）认为，智力资本并不限于组织知识，还包括促进价值目标实现的管理手段，进而强调了管理层建设。此外，一些学者基于创意价值链特征分析了社会资本的重要影响（张庆普等，2014）。创意价值的传递与扩散依赖于相互关联的多元组织成员，包括商业渠道中的创意代理商、经纪人、传媒中介等，也涉及知识渠道中的艺术家、作家等，这些均是价值链的主要参与者。因此，良好的商业合作、知识关系有助于企业准确掌握市场动向和运用现代营销手段将产品推向契合的消费者，带来巨大的价值衍生效应。

创意增值中的组织行为研究主要集中于体验营销和运营平台两方面。结果表明，与传统价值链相比，创意价值链中体验营销和运营平台对价值增值的影响更大（杨永忠等，2017）。由于创意产品或服务具有强互动性和体验娱乐性，消费者的参与和认可与产品营销情景、体验方式存在高度相关性（刘晓东等，2017），会对创意价值的感知和知识产权运营产生积极影响。而诸如技术平台、市场销售平台等运营平台不仅创新了文化元素提炼、创意获取、制作生产和反向孵化的方式（喻国明等，2015），也带来了全新、高效和便捷的技术传播格局，以社群、社交等关系形式触及并满足各类潜在消费者的多元需求，由此创造巨大的经济效益。因此，运营平台已经成为创意价值中文化、技术和经济要素融合的重要媒介（黄学等，2013）。

在外部环境层面，相关研究强调了市场需求、政策制度、政府支持、金融发展和文化地理禀赋的积极作用。研究发现，市场需求特征及消费群体结构是影响创意价值的重要因素，创意产品应该与市场需求保持一致，这样才能有效推动价值增值（杨先平等，2012）。而政策制度、政府支持、金融发展等非技术领域的创新动因，能够促进企业获取更多的创意资本以及信息投放和产品市场化路径，加速知识、资金等资源要素的流通和转化。此外，学者研究了文化地理禀赋在创意生产与持续开发中的重要影响。结果表明，文化地理禀赋不仅能够为企业提供丰富的地域文化价值和创意内容（Scott，S. G. et al.，1994），而且能以广泛的文化影响力吸引更多的创意人才和相关产业主体参与创意价值链，满足市场不断变化的消费需要和企业多元化创意的目标追求。

五　文化创意企业知识产权能力理论架构

本书将基于企业能力理论界定文化创意企业知识产权能力的概念，剖析知识产权能力具有的知识本质，进而从知识管理视角解读文化创意企业知识产权能力的构成，以及各能力构成要素的运作过程和内在关联，再以知识价值链理论为基础，借鉴创意价值链的相关研究成果，阐述文化创意企业知识产权能力的运作过程。最后，结合知识产权能力的内涵、构成及作用机制，构建本书的理论框架。

（一）相关概念界定

1. 文化创意企业的概念及分类

创意价值研究指出，创意是在文化基础上"按照美的规律"所进行的内容实践和技术呈现，而文化价值是创意价值的核心，由此突出了创意产业销售和消费的产品与文化高度相关。在此情境下，文化创意产业应运而生。作为一个晚近、新颖的学术领域，文化创意企业的概念及分类随之成为学界研究的热点。

学界普遍认为，文化创意企业不仅具备创意企业的要义和创意价值特征，而且更加强调具有象征意义的文化符号在创意生产、经营与价值实现中的核心地位（朱自强，2016）。参照学界对创意产业（企业）和创意价值的定义，将其延伸至文化创意领域，本书对文化创意企业进行如下界定：文化创意企业是以消费时代下人们的精神、心理、文化、娱乐需求为导向，将文化内涵与元素作为创作源泉，通过技术创新与内容创新，创造出具有创意价值的产品和服务，并通过知识产权形式，依托网络、数字等媒体进行复制、传播与交易的组织。

通过文献回顾可知，文化创意企业分类基本集中在网络信息、软件、广告、电脑设计、摄影、出版、广播、电视、电影、音像、文艺演出等领域，既包括生产型企业，又包括消费型企业。尽管目前分类不一，但是国内学界对文化创意企业的划分普遍参考《国民经济行业分类》《文化及相关产业分类标准》《北京市文化创意产业分类标准》《中国创意产业发展报告》等，并力求与国外相关标准相衔接。参照多数文献的研究，本书将文化创意企业细化为广播电影电视，新闻出版发行，文化艺术，软件、网络及计算机服务，文化创意与设计，文化休闲娱乐六大行业。

2. 文化创意企业知识产权能力的概念及本质

创意价值链理论认为，知识产权是文化创意企业创意活动的主要载体，并以知识产权的创造、保护和运用等行为支撑创意业务的价值实现。因此，知识产权能力关乎文化创意企业市场利润的获取和竞争优势的培育，是一种重要的核心能力。基于此，本书从资源基础观、动态能力观到知识基础观，层层深入地解读文化创意企业的知识产权能力。

资源基础观强调构成竞争优势的核心资源应该具备 VRIN 属性，即价值性、稀有性、独特性和不可替代性。依据这一理论逻辑，作为原创智力产物的法定所有权，知识产权也是文化创意企业的战略资源，其 VRIN 属性表现在创意独创性所带来的合法垄断权，以及为创意资本化提供的保障与依托。企业创意活动以满足消费者的精神、娱乐和艺术需求为导向，需要融入外界知识信息、知识产权网络关系、知识产权制度、技术标准工具等要素，以获取新知识和整合现有知识，促进知识产权创造并及时调整知识产权管理规范和运作决策以匹配市场规律。因此，文化创意企业的知识产权行为及其能力发展具备动态特征。

进一步地，基于知识基础观的企业能力理论从知识层面扩展了文化创意企业知识产权能力研究。一方面，知识的积累、传播和应用贯穿于知识产权行为实施的各个环节，构成了知识产权能力的重要基础；另一方面，文化创意企业的知识产权能力是通过组织学习逐步建立的，体现了企业知识的进化过程。为了保证知识产权行为契合战略发展需要，企业需要及时设计、灵活调整和持续更新知识产权的开发流程、协调流程、保护流程和战略规划流程，以保证高效便捷的知识产权行为，这一过程体现了全面的组织学习形式。

综合以上分析，本书将文化创意企业的知识产权能力定义为：以消费者的精神、文化、娱乐需求为驱动，以知识资源、组织学习和创新为基础，在创意业务开展过程中围绕知识产权确权、保护、流通、消费环节而形成的，促进创意价值增值和竞争优势提升的一种动态能力，其本质是累积性知识。基于上述概念界定，文化创意企业的知识产权能力具有创意价值的指向特征，即文化价值、技术价值和经济价值三重复合价值，这是区别于一般企业仅强调技术价值和经济价值的特殊性。

（二）文化创意企业知识产权能力构成

知识产权作为文化创意企业的战略性知识资产，其开发、保护到转化的过程本身也属于知识管理的重要范畴。鉴于当前知识管理理论主要从流程和管理层面解读知识活动及核心能力发展，本书将文化创意企业的知识产权能力构成划分为流程和管理两大类。其中，流程能力包括知识产权创造能力、保护能力和运用能力，而管理能力则为流程能力提供战略导向、组织基础和制度保障。

1. 流程能力

依据知识管理理论对知识流程的剖析，本书分别从知识获取与创造、知识储存与索引、知识传播与共享、知识应用四个方面揭示文化创意企业的知识产权行为，进而将流程能力归纳为知识产权创造能力、保护能力与运用能力，支撑着创意价值的生成、保护、传播与衍生、交易与消费。

在知识获取与创造阶段，相关活动主要包括对外部知识的引进吸收和从现有知识中学习生成（Nonaka, I., 1994）。因此，该阶段的知识产权行为侧重于外部引进和自主开发两种途径（唐国华等，2015）。其中，知识产权自主开发一般是指由企业核心创意人员或领军人物率先从文化元素或地理历史资源禀赋中产生突发性灵感与构思，通过知识创造形成新思想、新内容和新知识（刘友金等，2009）。在此基础上，组织创意研发团队经由创意共享、知识内部扩散和整合获得原创构想。而知识产权外部引进以知识产权授权许可为主，最为常见的形式包括著作改编权、影视翻拍权、形象版权等权属的获取。该阶段的知识产权创造并不必然存在具体的产品载体，也可能只是统领性的策划方案，又或者是对整体创意风格、指导理念、重要艺术形象及后续衍生脉络的设计书等，但其却因涵盖了创意业务全过程而成为最核心的智力成果（彭艳等，2010）。因此，知识产权事先保护尤为重要，企业应注重签署商业保密协议、前景知识产权契约等，明确知识创新的预期归属和权利分配，规避知识产权纠纷和保障市场独占性（赵健宇等，2015）。

在知识储存与索引阶段，强调对新知识的筛选以保留重要的信息，将其固化为组织记忆以便重复提取、使用（Nonaka, I., 1994）。因此，该阶段的知识产权行为主要涉及知识产权申请、授权和事前保护三方面。一般而言，文化创意企业需要对知识成果进行识别，有选择性地开展知识产权申请，并确立法权获取形式（包括专利、商标、版权等类别）。在此过程中，企业需要通过创意方案实施、技术试验、模型检验等，将无形的创意内容和文化内涵转化为依附于硬件载体的创意作品或可被感知的技术呈现，以申请知识产权并获得授权，实现创意价值保护。此外，考虑到知识产权申请要求以显性化的方式进行信息披露，因此需要加强申报过程中对知识、技术诀窍泄密的预先防范，防止从创意生成到产品投放的时间差所带来的创意泄露和假冒仿制问题。

在知识传播与共享阶段，注重通过协作互动或信息系统将知识在适当时段传至需求对象（Davenport，T. H.，1997），形成不断增长的知识流。其中，知识产权传播以尊重知识原创和权属明确为基础，特别是对核心技术、商业机密、数据库和源程序等进行权限设置、签订保密协定等，防止知识外溢和信息不对称风险。只有实施知识产权保护，企业才能更好地进行知识产权开发，形成一定的营销口碑并探明市场接受程度。随着创意产品的观念、风尚、美学品位和价值导向逐渐流行，创意内容以版权、设计等知识产权形式在创意产业系统中扩散并被不同行业、上下游企业或其他产业门类引进、采购，激励知识兼容、整合和"发酵"，同时降低知识吸收成本和打破知识孤岛的屏障，由此促发一系列新的产品种类，并形成创意的衍生产业和外围产业。

在知识应用阶段，着重考察知识解决实际问题的情况，实现知识的资本化和商品化。该阶段的知识产权行为主要包括知识产权的信息运用、制度运用和资产运用三方面。其中，知识产权的信息运用表现为通过相关信息检索，分析掌握技术发展和市场需求前沿，从而制定正确的创意研发方向，保障产品（或服务）更好地契合消费者的购买兴趣并避免潜在的侵权风险。知识产权的制度运用是指企业通过参与行业（技术）标准、专利池（专利组合）等方式获取更大的垄断权和排他权，以此控制生产成本、制定高额售价、增加市场份额和扫除竞争障碍，进而提高品牌知名度和获取持续的超额利润。知识产权的资产运用涉及以转移知识产权使用价值为核心的商品化，如通过消费品使用、服务体验和互动感受等方式获取价值让渡，实现创意的经济价值。此外，还包括以转移知识产权的交换价值为核心的资本化，如产权证券化、质押、融资等（顾晓燕，2012）。

综上所述，文化创意企业的知识产权流程能力可归结为知识产权创造、保护和运用三种能力。其中，知识产权创造包括知识产权的外部引进和自主开发，以及法权申报和获取。知识产权保护是在知识产权制度下进行知识产权风险防范和争议处理，并依据知识产权流程细化为事前保护、事中保护和事后保护三部分。知识产权运用则包括知识产权的信息运用、制度运用以及资产运用。图2－9表明，三种能力之间存在相互作用和协同关系。具体而言，知识产权创造是知识产权流程的前提，也是创意价值生成的基础，并通过信息运用和法权保护保障知识产权外部引进和自主开发的顺利实施；知识产权保护为知识产权创造和运用提供法律防御手段，关系到创意价值的开发、传播和增值；知识产权运用是知识产权创造和保护的最终目的，引领和推动着知识产权活动的良性循环，带来创意价值的实现。

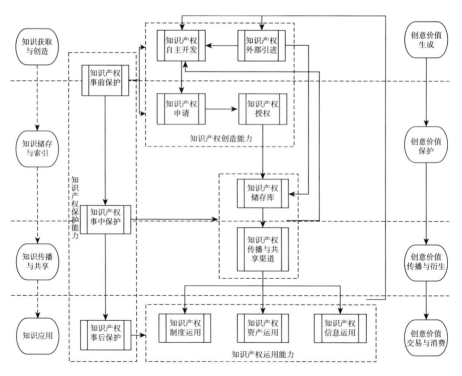

图2－9 基于知识流程的知识产权活动过程

2. 管理能力

基于能力观的知识管理研究指出，知识流程离不开管理活动的支撑，因而管理能力也是知识能力的重要构成。相应地，文化创意企业知识产权流程能力的发挥也有赖于知识产权管理能力的发展。借鉴 Gold 等（2001）的知识能力模型及相关研究，本书主要从战略规划、组织构架和制度设置三方面阐述文化创意企业的知识产权管理能力。

创意管理研究表明，创意活动涉及多种专业化分工和多组流程协调，知识产权作为创意价值传递的重要载体，其战略制定关乎创意产品成功开发的可能性。在知识产权战略规划的指导下，诸如管理机构设置和管理人员配备等组织构架不仅能够反映知识产权工作在生产经营和创新文化氛围中的重要性，也在较大程度上决定了企业知识产权行为的实施效果。此外，知识产权管理规范能够通过创新激励、市场转化和风险预警机制等，为知识产权所蕴含的文化价值、技术价值和经济价值的有序融合提供强大的规则协调和制度效应。

3. 知识产权能力构成关系

综合知识产权流程和管理两方面，文化创意企业知识产权能力构成及其关系如图 2 - 10 所示。其中，能力模块是指知识产权能力各个子能力所包含的主要内容或者构成方面：知识产权创造模块主要包括知识产权的自主开发和外部引进以及产权申请和法权获取，表征为知识产权创造的数量与质量；保护模块包括事前保护、事中保护和事后保护；运用模块包括信息运用、制度运用和资产运用；管理模块由战略规划、组织构架和制度设置组成。在模块基础上形成相应的能力层，知识产权创造、保护和运用能力属于知识产权流程能力，具有彼此联系、相互交融和共同促进的特征。而知识产权管理能力属于基础能力，不同于其他知识产权子能力，其并不涉及某一具体环节，而是贯穿于知识产权活动全过程，通过组织基础和制度保障促进知识产权创造、保护和运用的统筹与协调（吴佳晖等，2017）。这四种知识产权能力共同组成一个协同耦合的良性体系，推动知识产权能力的不断提升。

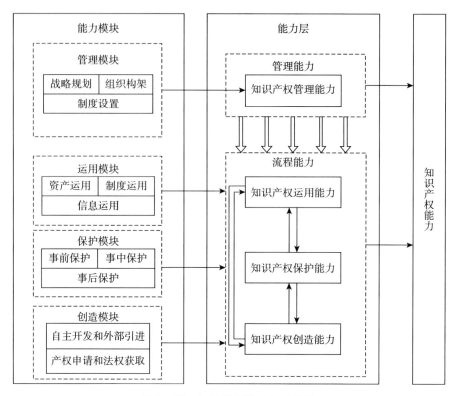

图 2 - 10 知识产权能力构成关系

（三）文化创意企业知识产权能力发挥的过程模型

文化创意企业的知识产权能力具备知识的本质和创意增值的功能导向，因此知识价值链和创意价值链理论可为文化创意企业知识产权能力的过程性分析提供借鉴。其中，知识价值链理论将知识管理与价值链相结合，揭示了知识与能力、各能力要素、能力与业务增值之间的内在关系和协同作用，阐述了促进企业能力形成和价值增值的重要影响因素，有助于厘清知识产权能力发挥及其驱动因素的作用，从而提供普适性的研究框架。创意价值链理论则围绕文化创意企业这一特定领域开展价值活动的细化研究，不仅能够契合文化创意企业的知识产权行为和创意业务特征，而且符合知识产权能力以创意价值为功能导向的独特性原则。因此，运用知识价值链与创意价值链理论，能够以共性与特性相结合的方式构建文化创意企业知识产权能力的过程性概念模型。

1. 文化创意企业知识产权能力发挥的基本过程

首先，知识流程与知识管理活动分别是文化创意企业知识产权流程能力与管理能力发展的来源。参见前文以知识流程为基础的知识产权行为分析可知，知识产权创造能力、保护能力和运用能力的生成根植于知识的获取、创造、储存、索引、共享、传播以及应用过程之中。而知识管理活动既是知识流程的重要支撑，也为知识产权管理能力的培育和发展提供战略规划、组织构架和制度设置等方面的知识积累。

其次，知识产权各子能力的发挥，能够带动创意业务链各环节的价值增值。在知识产权事先保护下，知识产权外部引进和自主开发驱动着创意源的获取与创意的生成，企业运用技术手段和模型实验将文化内涵与创意内容具象化、载体化和产品化，促进知识产权申请和授权以实现文化价值、技术价值和经济价值的开发和保护。之后，依托知识产权事中保护进行创意共享、复制、传播与市场衍生，不断扩展创意营销形式、受众覆盖范围和产品类型，激发创意价值增长的"长尾效应"。最终，在知识产权事后保护下通过灵活运用知识产权完成创意商品消费、服务体验和金融交易，并不断提升商品的垄断地位、市场价格和知名度。及时跟进知识产权信息动态，捕捉创意前沿和知识产权商品的互动体验反馈，可保障下一轮价值创造的可持续开展。

综上所述，文化创意企业知识产权能力发挥过程是以知识流程和管理活动为基础，在知识产权战略规划、组织构架和制度设置的导向下，通过事前、事中和事后的全过程保护实现知识产权引进、创造、申请、授权、储存、传播和运用，以知识产权能力的整体发挥促进创意源获取、创意生成与孵化、创意储存、创意营销与推广、创意交易与消费，最终带来创意价值的不断增值（具体过程如图 2 – 11 所示）。

2. 文化创意企业知识产权能力的影响因素

文化创意企业知识产权能力的形成离不开资源要素的投入、相关能力的辅助以及外部环境的营造，依据已有文献对知识产权能力影响因素的识别，同时结合创意价值链驱动因素的研究，本书主要从资源、能力和外部环境三个层面对文化创意企业知识产权能力的影响因素进行分析。

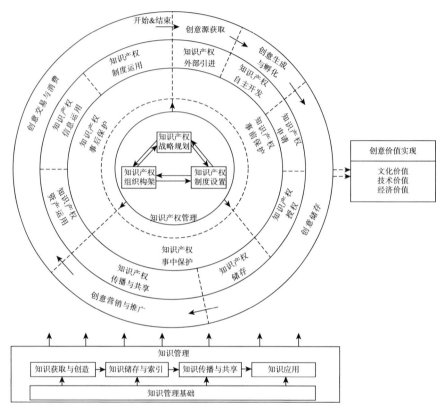

图 2 - 11 文化创意企业知识产权能力发挥的基本过程

在资源层面，现有研究检验了人力资源（顾晓燕，2012；董舒翼等，2011）、企业家素质（袁林等，2015；李伟，2010）、企业开放度（池仁勇等，2016）等要素对一般企业知识产权能力的积极效应。具体到文化创意领域，创意价值链驱动因素研究表明，以创意研发人才为核心的人力资本是价值生成和转化最为关键的战略资源（于泳波等，2016），也是促进知识产权创造、运用等能力形成和发展的重要因素。同时，相关研究还强调了人力资本不仅包括创意实施人员，还包括管理团队。特别地，企业高管所具备的知识产权素质能够通过合理规划和科学制定相关决策，激发知识产权的价值导向功能，从而对创意价值活动产生正向效应。此外，创意价值链理论还关注了创新投入和社会资本对企业创意行为的影响（张庆普等，2014），认为创意资金和良好的关系网络能够为价值开发、扩散和衍生提供充分的物质支持和多方合作渠道，进而对知识产权外部引进、自主创新和商业运营带来更多的市场机会，从而有效提升文化创意企业的知识产权能力。综上所述，本书将资源层面的影响因素归纳为创意研发人才、创新投入、高管的知识产权素质和关系网络。

在能力层面，李伟（2010）、于丽艳等（2017）指出，知识产权能力是在知识产权制度内化和学习过程中实现的，因而组织学习能力对知识产权能力存在显著的促进作用。同时，创意价值链理论进一步强调了体验营销能力和平台能力对于创意活动的重要意义（Marchand，A. et al.，2013），为文化创意企业知识产权能力的影响因素识别提供了理论参考。其中，体验营销能力对知识产权能力的作用表现在通过增强产品（服务）的娱乐性及与消费者的互动性来提升市场认可度和促进知识产权推广，并根据消费者的反馈以价值共创的形式及时改进产品、完善服务，萌发新点子和新思想，孕育知识产权创造的新理念和运营新模式。而强大的平台能力不仅有助于企业构建跨时空、跨领域进行知识产权创造和传播的新格局，而且有助于企业以更高效、更便捷、更经济的方式触及各类受众群体，扩大知识产权交易规模。因此，能力层面的影响因素着重通过组织学习能力、体验营销能力和平台能力进行考察。

在外部环境层面，现有研究分析了政府支持（Kanwar，S.，2007）、外部知识产权保护（池仁勇等，2016；于丽艳等，2017）对知识产权能力的影响。此外，创意价值链驱动因素研究还强调了金融发展和文化地理禀赋在创意生产、开发和价值增值中的重要作用。具体而言，成熟的金融体系能够促进文化创意企业更有效地获取创意资本、知识产权市场信息和质押融资渠道，保障知识产权能力发展。文化地理禀赋则为企业的知识产权创造提供了丰富的人文题材、创意内容和符号表征，同时有助于企业树立口碑，不断提升知识产权能力。基于以上分析，本书选取政府支持、外部知识产权保护、金融发展和文化地理禀赋四个因素作为文化创意企业知识产权能力的影响因素。

因此，文化创意企业知识产权能力受到内外部因素的共同影响（如图2 - 12所示）。

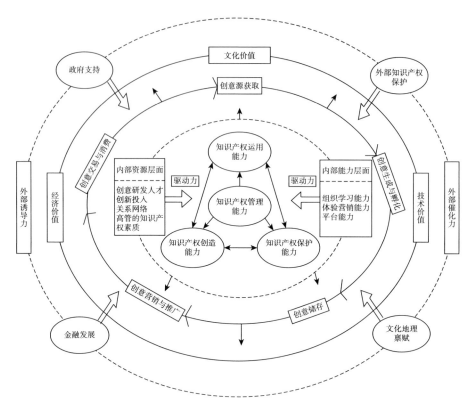

图 2 - 12 文化创意企业知识产权能力驱动机制

（四）总体框架

　　基于前文对文化创意企业知识产权能力内涵、本质、构成及发挥过程的分析，本书构建研究框架（如图 2 - 13 所示）。其中，虚线方框表示知识产权能力各构成要素所对应的相关活动，并以知识流程和知识基础管理为支撑，不同知识环节所涉及的知识产权行为有所差异。例如，在知识获取与创造环节中，侧重于外部引进、自主开发和事先保护。图中上方部分是创意业务链、价值增值和价值输出，主要基于创意流程分析和 Ching Chyi Lee 等（2000）的知识价值链模型整合而成。企业通过知识产权各能力的发挥获取相应业务环节的增值，如知识产权运用能力的发挥提升了创意交易与消费的水平，创造了更多的使用价值让渡和销售收入，最终实现了文化创意企业文化价值、技术价值和经济价值的三重诉求。图中右边部

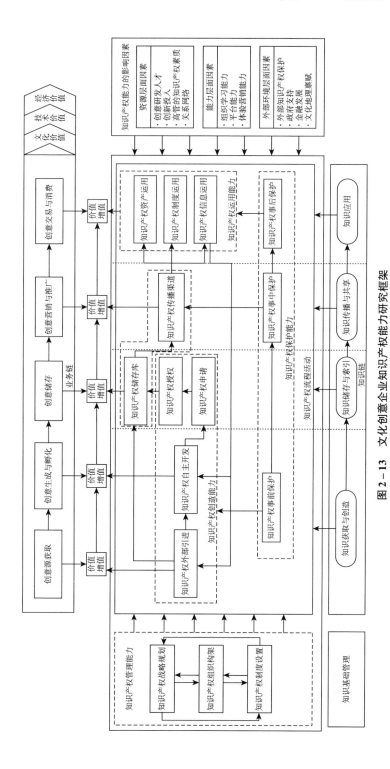

图 2 - 13　文化创意企业知识产权能力研究框架

分是文化创意企业知识产权能力的影响因素，包括资源、能力和外部环境三个层面在内的 11 个影响因素。

基于文化创意企业知识产权能力研究的总体框架，提炼出四个核心内容，由此构成了后续研究的逻辑思路（如图 2 - 14 所示）。具体而言，知识产权能力的内涵、本质和构成是本书的起点，明晰了研究概念、范围及各能力的内部作用关系，同时能力各要素的形成和有序发展也将直接影响知识产权能力的水平，是能力测度分析的基础。进一步地，以能力测度为被解释变量进行影响因素及其作用的理论与实证研究，揭示文化创意企业知识产权能力的驱动机制。综合以上内容，依据总体框架进行知识产权能力系统的动态分析。分析知识产权能力内部构成及其与影响因素的作用关系能够了解能力形成与发展的内在过程，有助于确定能力各要素和影响因素的耦合互动、嵌套等多重关系特征，从而探寻关键影响因素及路径。此外，知识产权能力测度作为结果反馈，直接反映能力发挥的状态，能为文化创意企业知识产权能力提升的对策研究提供事实依据。

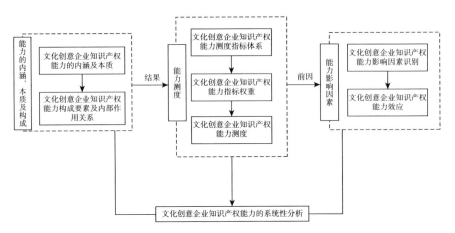

图 2 - 14 研究内容及内在逻辑关系

六 本章小结

本章进行了文化创意企业知识产权能力研究的基础理论分析与研究框架构建。首先，基于企业能力理论界定了文化创意企业知识产权能力的概念，揭示了能力具有知识的本质和以创意价值为功能导向的特征。其次，运用知识管理理论分别从知识流程和知识管理两方面解构了知识产权能力的构成要素。再次，借鉴知识价值链和创意价值链阐述了文化创意企业知识产权能力发挥的基本过程及影响因素。最后，综合以上分析构建了总体概念框架，并提炼出本书的核心内容和基本逻辑。

第三章

文化创意企业知识产权能力的构成、特性及测度

文化创意企业知识产权能力的构成、特性及测度研究既是探讨知识产权能力影响因素及作用机制的前提，也是管理实践的重要议题。一方面，能够为系统分析知识产权能力的内在规律和积极引导企业知识产权能力提升奠定理论基础；另一方面，能够为深入了解文化创意企业知识产权能力的现状制定科学的量化依据，并为国家及地区相关政策实施提供抓手。因此，有必要基于文化创意企业知识产权能力概念、构成要素及特性的分析，综合运用文献研究、多案例研究、专家审议、问卷调查及因子分析等多种方法，构建知识产权能力测度指标体系和开展实证研究，为今后建立科学合理的文化创意企业知识产权能力测度体系提供理论借鉴和实践经验。

一 文化创意企业知识产权能力的构成要素分析

基于第二章的相关概念界定可知，文化创意企业知识产权能力是以消费者的精神、文化、娱乐需求为驱动，以知识资源、组织学习和创新为基础，在创意业务开展中围绕知识产权确权、保护、流通、消费过程而形成的，促进创意价值增值和竞争优势提升的一种动态能力，具备累积性知识的本质。进一步地，依据知识管理理论关于知识流程运行规律和基础管理活动的研究，本书对知识产权能力的构成要素进行探索，并初步分析了各

子能力要素涵盖的基本内容。

文化创意企业的知识产权能力遵循创意增值规律，其构成反映了创意价值的实现过程。然而，现有研究对知识产权能力及其构成要素的剖析大多局限于一般工业企业，未能体现创意价值的导向功能和创意活动特征，因而不能完全契合文化创意企业知识产权能力的独特性。鉴于创意价值的实现有赖于知识产权能力的发挥，本书将在创意价值导向下对文化创意企业知识产权能力的构成要素进行深入解读。

（一）文化创意企业的知识产权创造能力

所谓文化创意企业的知识产权创造能力，是指以文化元素和文化内涵为源泉，通过灵感捕获、创意孵化和技术开发等，形成与原创构想和研发设计相关的创造性智力成果和商业标识等，并通过知识产权申报获取法律权利的能力。

该定义阐述了知识产权创造能力包含的两个阶段：一是关于创意内容生成和技术创新，二是关于创新创意成果的产权化，即法权获取。其中，内容创作和技术创新是法权获取的前提和基础，而法权获取是为了保护创新创意成果以保障未来的垄断收益，进而强化创新意愿和加大创新投入，促进知识产权的持续再造。具体而言，创意的产生首先是企业创意设计人才通过捕获创意灵感以及提炼、加工和整合文化素材，形成初始创意供企业创意孵化，从而完成原创构想。创意研发人员的主要任务则在于把文化和技术相结合，使原始创意具有技术内涵、技术附加值和技术支撑，并以契合消费者感官视角的可操作方式呈现。通过文化与技术的融合，原创构想得以物化，其内在的创意价值也通过技术手段的应用而不断放大。生成的智力产物经过企业内部管理机构的合理评估后，知识产权专业人才或外部代理机构向相关行政部门提交法权申请材料，最终产生一系列知识产权成果，这是创意研发人员共同智慧的结晶。其中，专利是技术成果的直观反映，也是企业技术储备的核心表征；著作权则蕴含着文化艺术和审美价值；商标是智力成果内在品质及外在功能的形象表达，与企业品牌相联系并服务于市场经济活动。

作为内容创作与技术创新在法律层面产权化的体现，知识产权创造能力最终体现在知识产权数量和质量两方面。现有文献普遍将专利申请量、专利授权量、发明专利占比等作为知识产权创造产出的代理变量。然而，文化创意企业的知识产权成果不限于专利，著作权（包括软件著作权）也是重要的知识产权类型（魏江等，2015），如作品创作、软件、建筑作品、工程设计图、产品设计图等均被列为《著作权法》的保护对象。由此可见，文化创意企业的知识产权不仅体现了传统意义上以功能优化为主的技术价值，还包括依存于实体中的文化价值。因此，文化创意企业知识产权创造数量与质量的表征是在文化和技术双重导向的综合框架下，强调以著作权为主要形式的创意内容和以专利为代表的技术创新相结合。

（二）文化创意企业的知识产权保护能力

文化创意企业的知识产权保护能力，是指在创意萌芽、生成、转换和价值实现过程中，依据《著作权法》《商标法》《专利法》《劳动合同法》《反不正当竞争法》等，采取恰当有效的事前预防措施、事中风险防范策略和事后维权手段，全方位保障企业知识产权合法权的能力。

这一定义揭示了文化创意企业知识产权保护涉及事前预防、事中防范与事后维权三个方面。由于各个环节中知识产权的形式和运作方式各有差异，知识产权保护的方法和途径也有所区别和侧重。在事前预防环节，研究表明，创意研发成果主要通过著作权体系、专利进行保护（Miles, I. et al.，2000），聚焦于产品的外在形态、内容与外在形态的组合、技术创新等方面（任自力，2009）。同时，不少创意研发成果作为价值创造的基础，尚不具有财产权和完全的专有性，需要诉诸其他方法予以保护，防止创意流失和不正当竞争发生（张杰等，2016）。此外，一些学者还发现，作品、商标、专利、商业秘密等知识产权都是在创意基础上发展而来，因而各类知识产权之间存在创意内容的交叉，除了适用《著作权法》《专利法》等法律，借助民法基本原则和知识产权合同规则进行保护也成为事前保护的常态。在知识产权营销与市场化过程中，依法防御侵权、防范风险和制定紧急预案成为该阶段的重点。一项调查表明，由于多数创意具有半公共产品特性，60%的专利、技术秘密和内容创意会在 4 年之内被模仿（Mansfield, E.，1986），因此知识产权防御机制的完善程度尤其重要。一些学者就此展开研究，认为企业的防御机制一般包括人力资源机制（高管支持、竞业限制、人员流动限制）、法律架构机制（专利、版权、商标、知识产权合同）、技术方法（密码、保密、登录权限）、过程机制（信息流动、合作者权限、市场监控）等（Norman，P. M.，2001；Hurmelinna，P. et al.，2007）。此外，借助《反不正当竞争法》中的商业秘密条款来保护某些不能纳入传统知识产权范围的创意，推动该类创意的市场衍生，也是保障正当权益的途径。在事后维权环节，即发生知识产权纠纷之后，采取适当的应对措施以维护企业利益也是知识产权保护的重要内容。其中，司法维权被视为企业处理争议的主要手段。同时，鉴于当前知识产权体系不够完善，行政保护成为司法正式制度的有效补充。自行协商、行政申诉、行业协会监管等也逐渐成为文化创意企业的重要保护途径。

（三）文化创意企业的知识产权运用能力

文化创意企业的知识产权运用能力，是指以专利、著作权、软件著作权、商标、设计等资源为客体，通过知识产权的信息运用、制度运用及资产运用，实现创意增值的能力。

该定义中的知识产权运用能力主要包括知识产权的信息运用、制度运用及资产运用三个方面。其中，知识产权的信息运用是指企业对知识产权信息进行实时跟踪和专业化的深度分析，有效发挥预先判断和前期引导作用，确保创意策划、方案设计、技术创新、知识产权布局、重大项目启动及海外市场营销等重要决策的科学性、安全性和前瞻性。互联网时代下知识产权运营趋向于网络信息形式，知识产权信息分析在文化创意企业的经营管理中日益重要，信息运用的观念逐步渗透到企业管理领域，成为推动企业创新的重要引擎和独立的生产要素。

知识产权的制度运用主要是指企业通过参与知识产权联盟、行业（技术）标准、专利池（专利组合）等，促进企业间技术信息交换、分散研发风险、降低专利许可交易成本和减少诉讼的可能性，从而推动企业持续创新（王珊珊等，2015）。因此，专利池、专利组合、专利联盟是运用知识产权制度提升企业创新水平的重要手段，而这一点通常被许多知识产权评价研究所忽视（宋河发等，2013）。此外，参与行业（技术）标准有助于充分发挥企业创意创新所带来的垄断优势，促进创意的快速传播和技术的广泛应用（Carlson，S.C.，1999），最终确立企业的行业影响力并带动行业水平不断提升。以文化创意企业的实景演出为例，相关的行业（技术）标准主要是针对内容创意背后的技术流程和技术支持方面，涉及策划、规划、工程建设、制作创作、排练、舞台、机械、灯光、道具、特效装置、运营管理等环节，企业参与行业（技术）标准可以强化技术管理、提升工业化制作水平，从而更好地呈现演艺效果和打造原创精品。

知识产权的资产运用涉及知识产权商业化和资本化两部分内容。其中，知识产权商业化概念最早源于国外对知识产权市场运作的探讨。Jenny等（2005）将之视为产品、流程或某项知识产权合同的商业化，Hausman等（1984）更侧重于对知识产权商业行为的描述，而Granstrand（1999）揭示了知识产权商业化手段。尽管学界并未对知识产权商业化达成一致见解，但是上述定义普遍认为知识产权所有者需要从商业化中获得利益。因此，知识产权商业化属于财产经营领域，是通过知识产权市场化获得财产收益的商业行为。它以营利为目的，通过知识产权许可、转让、质押等方式实现经济价值。这表明，知识产权商业化过程是将知识产权转化为最终的实体产品推向市场。知识产权资本化则将知识产权从静态的产品要素转化为动态的投资要素，使得知识产权的运用和转化更加多样化，进而提升知识产权的经济价值。同时，知识产权资本化作为新的资本形式，与传统的货币资本、实物资本及人力资本存在着本质的区别，丰富了企业的资本形态。

在文化创意企业的创意流程中，知识产权的信息运用、制度运用及资产运用对创意价值的作用表现如下。知识产权的信息运用旨在保证企业制定正确的技术路线、运营决策等（冯楚建等，2012）。同时，通过跟踪、采集和分析现有知识产权信息，获取最新的技术情报和创意思想，缩短创意研发周期、节约创新经费和提高创意效率，并且为知识产权市场监管和维权提供证据。知识产权的制度运用主要是指通过参与行业（技术）标准、专利池（专利组合）等，共享和整合外部优质的知识产权资源，占据创新先机和市场垄断地位，进一步促进知识产权产品（服务）的技术创新和创意升级，从而提升企业的行业影响力和话语权。知识产权的资产运用主要体现在商业化和资本化两个方面。就知识产权商业化而言，文化创意企业的知识产权具有"一源多用"的价值和巨大的"粉丝"经济，企业通过知识产权授权、许可和自行实施等方式，可实现创意衍生并打造知识产权矩阵，尤其是借助网络效应引导消费者的多元需求，充分挖掘知识产权多形态、多维度的创意内容，更有利于发挥知识产权的长尾效应，实现品牌规模效应。在知识产权资本化方面，企业通过知识产权质押、融资、众筹、证券化、共享等，可吸引更多的资本投入，聚集优势资源，进一步提升知识产权产品（服务）的形象和品牌，形成良性循环，最终提升话语权和获取更多的市场份额。

（四）文化创意企业的知识产权管理能力

文化创意企业的知识产权管理能力，是指以知识产权系统学习为基础，通过构建知识产权活动的组织构架、规章制度和管理流程，在科学制定战略目标的导向下，有效推动企业知识产权创造、保护和运用的协同管理资源优化，从而保障创意价值实现与增值的能力。

该定义包含两个方面。首先，企业知识产权管理活动以知识产权战略规划为导向。知识产权战略实质上是市场战略、技术战略以及法律战略的组合，从不同角度解释和规划了企业知识产权活动的目标、计划及策略，从全局性角度出发对知识产权活动进行整体统筹和组织协调，以提高管理效率，从而保证营销部门、研发部门和法务部门在知识产权工作中有序协作。其次，企业知识产权管理活动是以学习和内化知识产权法律、法规、产业标准和技术规范为依据和规则，进行知识产权管理制度和组织机构建设（包括专项经费投入、人员配备等）。加强对知识产权开发、竞合、维护、转让、授权以及侵害救济、诉讼策略等法律制度的组织学习，有助于企业从"自然人"变为"法律人"。在此基础上，建立符合企业实际情况的管理手段和流程，主要涉及创意前瞻、研发策略、版权运营、品牌经营、授权管理、风险规避、价值评估等内容，推动知识产权资本化和商业化，提升企业市场竞争力。随着知识产权量质提升和利润积累，知识产权战略逐渐由最初的侧重侵权防御、成本控制，转变为侧重利润创造、内部整合和战略远景规划（Davis, J. L. et al., 2001）。

二 文化创意企业知识产权能力的特性与发展表征

基于对文化创意企业知识产权能力概念及构成要素的分析，接下来阐述文化创意企业知识产权能力存在的特性及发展表征。

（一）文化创意企业知识产权能力的特性

1. 外生驱动性

文化创意企业的知识产权能力是在现有知识产权制度学习和内化基础上逐渐形成和发展的，以消费者的精神满足为目标。因此，知识产权法律和行政执法规则的调整、修正和更新，以及消费需求的变化都将直接影响文化创意企业的创新与知识产权创造，进而驱动知识产权能力的重塑。此外，市场力量（Duguet, E. et al., 1998）、市场集中度（Nielsen, A. O., 2001）等也会对企业知识产权战略目标、资源配置和知识产权能力重构产生显著影响。由此表明，文化创意企业的知识产权能力具有外生驱动性。

2. 内生成长性

依据基于知识基础观的企业能力理论，文化创意企业知识产权能力的本质是创意、技能等知识的集合。这说明，知识产权能力的培育和提升需要不断搜寻新创意和学习新技能，由此构成知识产权能力发展的内生动力源泉。同时，知识产权能力的形成也是文化创意企业在知识产权战略规划下进行资源聚集、知识产权理念建设和管理规则实施的过程，是企业资源禀赋（包括创意研发人员、创新资金等）、知识产权文化氛围和管理制度等相关要素长期耦合的产物。因此，文化创意企业知识产权能力的成长内生于企业的资源基础、组织制度和运作流程之中。

3. 延展性

文化创意企业的知识产权能力能够充分发挥知识产权所具有的高文化品格、高附加值和高融合性等特性，打通产业链上下游环节，实现创意内容"多领域平行演绎"。这种以知识产权为原点、以知识产权能力为支撑的互动延展能够不断满足消费者对文化创意产品精神层面和功能层面的多样性要求，创造出巨大的经济效益和品牌的"拥有效应"（Smith，D. C. et al.，1992）。

4. 跨界扩张性

文化创意企业的知识产权能力有助于激发跨组织、跨行业、跨领域的创意研发融合行为，依托网络、数字等传播方式进行知识产权开发、交易和营销，以最大限度地促进知识产权的全方位开发，产生广泛的品牌影响力和规模效应。

5. 非线性涌现性

为了适应文化环境、消费市场和知识产权制度的变化，文化创意企业需要能动地接收各种反馈信息和知识，不断提升知识产权各项子能力并不断优化其结构组成，使能力要素之间产生非线性的作用关系，促使知识产权能力得到质的飞跃（胡颖慧等，2013）。

6. 路径依赖性

知识产权能力作为一种动态能力，其发展具有路径依赖性。文化创意企业的知识产权能力不仅与过去的知识产权资源状况、创意水平和技术能力等有关，也会影响将来的知识产权战略决策和实施效果。可见，知识产权能力内嵌于企业旧有的、特定的创意流程和组织制度之中，引导着知识产权运作惯例的演进。

（二）　文化创意企业知识产权能力的发展表征

文化创意企业的知识产权能力具有内生成长性和路径依赖性等特性，表明知识产权能力的发展具有较为稳定的特征和规律。现有研究关注了企业知识产权活动的各个阶段，大体概括为以"不活跃"的知识产权创造和"被动防御"为主要特征的初始阶段（Sander K. et al.，2012），以及对动态环境敏感、善于远景规划的成长阶段和保持市场领先地位的成熟阶段（Gibb，Y. K. et al.，2012）。基于此，本书将文化创意企业知识产权能力发展划分为初始期、成长期和成熟期，并从知识产权创造、保护、运用和管理四个方面入手，提炼和汇总各个发展阶段知识产权能力的发展表征（如表 3 – 1 所示）。

表 3-1　文化创意企业知识产权能力的发展表征

能力构成	初始期	成长期	成熟期
知识产权创造	特色化	组合形态多元化	知识产权网络化
知识产权保护	防御为主	进攻确权为主	攻防结合为主
知识产权运用	业务运营为主	产业链运营为主	跨界融合运营为主
知识产权管理	战略单一化	战略综合化	战略体系化

在知识产权能力初始期，文化创意企业的知识产权创造往往是自发、随意的，以单纯追求知识产权数量或满足申报资质条件为主。同时，资源投入的限制性和知识经验的专业化，使得知识产权创造集中于某一优势环节，形成以某一类型为主的特色化知识产权，较易忽视其他类型知识产权的作用和价值。相应地，知识产权运营也局限于业务层面的授权、许可等，经营管理的概念尚未完全建立，运用知识产权制度进行商业化操作的水平有待进一步提升。知识产权管理较为单一，不具备健全的管理制度、完备的组织机构和清晰全面的战略规划，导致知识产权制度的学习和内化仍停留于部分业务领域。因此，知识产权保护实践大多是在遭受侵权盗版的现实倒逼中逐渐产生的。企业对创意研发成果的保护尚处于被动状态，这段时期属于寻求知识产权能力发展的艰难时期。

随着知识产权制度学习的不断深入和创新资源的持续积累，企业逐渐拥有了大量的实务运作知识，知识产权能力也持续提升，开始在新产品和新服务的创造与转化中发挥重要作用。这不仅推动了企业跨业务、跨领域、跨组织的融合行动，而且支撑了企业产品和服务的拓展和衍生，满足了文化创意市场用户需求复杂、易变且多元化的发展特点，开拓了新的市场并最终完成创新。各类知识产权如专利、商标、著作权、商业秘密等因业务横跨、产业链衔接而相继形成，其组合形态具有一定的内在关联，不同于初始阶段知识产权仅仅是创意研发的结果与表现。伴随着知识产权活动成为市场拓展的重要组成部分，创新激励战略、确权战略、维权战略和运营战略等逐一建立，企业开始强调从经营管理的视角挖掘知识产权的商业价值。知识产权保护也由先前的被动防御转变为市场占领和技术主导的主动进攻，带来了产权溢价，提高了未来产权收益在当期的创新回报贴现值，更大限度地促进了文化创意企业的知识产权商业运营。这一时期是企业知识产权能力发展的成长期，是一个管理规范、运作稳定且充满发展机遇与挑战的阶段。

在互联网数字技术的影响下，文化创意企业的创意界限被打通，互联网思维、互联网创造、互联网经营模式、互联网营销等变革着文化创意企业的价值创造模式（Le, P. L. et al., 2013），也对企业知识产权能力建设提出了更高的要求。作为知识产权能力发展的逻辑起点，知识产权管理立足于整体布局，对源头创意、内容制作、互联网金融、精准营销、衍生品周边开发等环节进行组合排序和系统规划，推动知识产权与文化创意相关产业的深层次和多领域融合。相应地，企业采用分类式知识产权保护形式，通过著作权保护创意内容、通过专利保护核心技术、通过商标保护品牌、通过商业秘密保护技术诀窍等，形成较为严密的知识产权保护网，实现排他性的创意高端占领和技术垄断，以进一步掌握市场竞争的主动权，成为"大文化、泛娱乐"集成者。

从上述分析可知，知识产权能力的提升过程实际上是知识产权创造能力、保护能力、运用能力和管理能力共同发展、相互促进和整体协调的作用结果，最终形成了知识产权能力的"滚雪球"效应（如图 3 - 1 所示）。在知识产权创造的基础上，企业通过知识产权保护和管理为产权运行与增值保驾护航，促进知识产权能力的提升。在此过程中，随着知识产权能力涉及范围、领域的不断扩大和专业程度的不断提高，知识产权管理更具全面性和导向性，驱动了知识产权创造的多元化和组合化，以尽可能满足消费者的需求和企业商业运营的需要。知识产权保护能力随之上升到新的台阶，表现在保护形式、手段和策略日趋完善，有效促进了知识产权的衍生、分割、交易、复制和流通等行为，保障了产权的预期收益。最终，知识产权能力各个构成要素的良性互动促进了能力的循环提升。

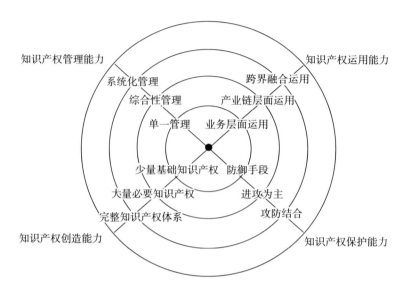

图 3 – 1 知识产权能力的"滚雪球"效应

三 文化创意企业知识产权能力测度指标体系的构建及实证研究

知识产权能力是文化创意企业实现创意价值、增加经济效益和提升竞争优势的核心能力，而知识产权能力测度研究是系统认识和科学量化知识产权能力的重要手段。由于文化创意企业的知识产权能力以知识管理活动为基础、以促进创意价值实现为导向，因此知识产权能力水平体现在创意价值的创造和转化过程之中。正因如此，知识产权能力测度研究应该综合创意流程和管理中的关键观测点进行，以此明晰指标筛选和体系构建。

进一步地，从文化创意企业知识产权能力的构成分析可知，能力要素在创意价值生成、保护、扩散和转化中起着重要的支撑作用，不仅是知识产权能力的主要发力点，而且关系着知识产权能力的整体水平。因此，知识产权能力的构成要素是重要的观测点。此外，通过对知识产权能力测度研究的梳理和总结发现，当前研究主要从结果视角、过程视角、知识基础视角和能力构成视角等进行测度研究，其中基于能力构成视角的研究已经成为主流趋势。综上所述，本节以知识产权能力构成为基础确立指标，并以陕西省百家文化创意企业为样本进行实证研究，检验测度指标体系的科学性和合理性。

（一）测度指标体系的构建原则

设计知识产权能力测度指标体系主要是为了系统地整合文化创意企业知识产权能力的测度要素。一般而言，测度指标体系的构建应当遵循科学性、系统性、先进性、数据可获得性原则（李柏洲等，2013）。

1. 科学性原则

知识产权能力测度指标体系需要兼顾文化创意企业知识产权能力所具有的共性与特性，切实反映创意价值的实现及增值。同时，所确立的知识产权能力测度指标应尽可能保证客观，避免人为因素的干扰。

2. 系统性原则

选取的指标要体现文化创意企业知识产权能力的资源、经济效益及创意价值等方面，保证指标体系的系统性、合理性。

3. 先进性原则

构建的指标体系要反映文化创意企业知识产权能力的最新情况。

4. 数据可获得性原则

量化的指标能够通过问卷、访谈、统计年鉴等途径获取数据。

（二）初始指标选取

文化创意企业知识产权能力测度指标的选取遵循以下思路。一方面，本书基于能力构成视角进行指标构建，即分别从创造、保护、运用和管理四个维度及其涵盖的基本内容进行指标筛选。本书参考了国内外相关文献以及我国现行的知识产权能力评估文件，包括国家知识产权发展指数、企业知识产权运用能力评估推荐指标以及我国首部企业知识产权管理国家标准《企业知识产权管理规范》，从中选取频率较高的指标作为初始备选指标。另一方面，鉴于文化创意企业知识产权能力具有创意价值的导向，本书以现有文化创意领域与知识产权相关的文献研究为依据进行指标确立，以期契合知识产权能力在创意活动中的重要内容和关键特征。

1. 文化创意企业知识产权创造能力指标

现有文献主要从知识产权产出数量和质量两方面进行指标选取（郭秀芳，2015）。具体到内容创意与技术创新并重的文化创意企业，其在知识产权创造能力方面既具有一般企业的共性，也具有自身的特殊性，具体表现如下。

（1）产出数量类指标。首先，文化创意企业的知识产权成果以专利、著作权（包括软件著作权）的申请量和授权量为主。同时，受到行业特征的限制，部分企业的知识产权以著作权、商标、商业秘密为主（Miles, I. et al.，2000）。因此，如果仅以普通专利数量进行统计，不足以完全体现文化创意企业的知识产权创造水平。其次，除对先进技术、软件设计等进行专利或软件著作权的申请以外，文化创意企业在内容创作中所形成的著作权属于自作品完成之日起自动生成的，这也是创意生产中法权获取的独特性所在（Fauchart, E. et al.，2008）。

（2）产出质量类指标。首先，作为创意生产企业，作品获奖数量和荣誉级别是文化创意企业知识产权质量的重要衡量标准。其次，一些研究将发明专利的申请比例单独列出，原因在于发明专利具有较强的科技创新性，可以表征知识产权创造的技术水平（雒园园等，2011）。

2. 文化创意企业知识产权保护能力指标

文化创意企业的知识产权保护贯穿于创意源头、形式表达、设计生产、授权、交易、产品使用与体验等价值链的全过程，涵盖事先保护、事中保护与事后保护三个环节。同时，文化创意企业的知识产权保护形式和手段与一般工业企业相比也存在自身的特殊性，应该基于其独有的保护特征进行指标的选取与重构。具体分析过程如下所示。

（1）事先保护类指标。对技术创新成果的预先保护，多数企业通过申请普通专利加以实现，而这一过程已经在知识产权创造环节实施过了。但是，对于强调内容创新的创意成果而言，由于著作权具有自动生成的法权获取特性，因此文化创意企业在遭受著作权侵权后难以出具有力的确权凭证，影响企业的后续维权，不利于保障合法权益。因此，企业需要及时进行作品自愿登记，以行政证明形式保留确权物证，以约束著作权侵权行为。此外，知识产权合同签署也是文化创意企业知识产权事先保护的有效手段。由于部分内容创新或服务过程难以完全呈现或者达到具备审美意义的"作品"水平（Jolly, A. et al., 2004），无法得到真正的著作权保护，因此有必要采取知识产权合同签署的方式进行保护，以便明晰权利归属、权利范围和权利种类。在当前知识产权保护体系并未对文化创意企业的创新给予完善的制度指导和法制保护的背景下，采用知识产权合同签署的方式能够弥补知识产权制度发展的不足。

（2）事中保护类指标。文化创意企业知识产权的事中保护侧重法务人员的实时参与以及过程风险防范机制的不断完善。由于文化创意企业的知识产权保护涉及创意、研发、生产、经营等多个业务部门，法务人员的全过程参与有助于各部门之间建立长效的交流与合作机制，从而及时有效地发现和规避潜在的知识产权扩散危机（薛元昊等，2014）。同时，法务人员能够组织和引导全员在实践中深入学习知识产权法律法规，积累知识产权保护经验，最大限度地降低侵权损失（那黎，2012）。过程风险防范机制的建设与完善也是事中保护的重要内容，通过制定和完善知识产权运作过程中与涉密员工、合作研究、客户谈判、人员流动、涉外事务、权属分割等有关的风险防范机制，防止知识产权擅自发表、泄露、使用、许可或转让等，保障知识产权顺利转化。

（3）事后保护类指标。现有文献主要从正式保护和非正式保护两个方面进行指标设置。在知识产权正式保护方面，行政保护和司法保护是两种重要手段。然而，对于不同类型的知识产权，其正式保护的方式也有所不同。例如，对于涉及技术侵权的专利纠纷，企业通常向法院、专利管理机关、司法部门提出专利权无效请求或诉讼，所以诉讼数量、立案比、结案率能够反映知识产权事后保护力度（姜南等，2011）。对于涉及内容创新的产权争议，文化创意企业更倾向于寻求行政保护或自行协商而非司法维权。原因在于，著作权保护注重表达形式而非思想，导致著作权司法维权难度大、风险高、耗时长且赔偿低。因此，文化创意企业通常会联合版权局、工商局、广电局等部门，依靠行政保护手段对侵权盗版进行处理。在知识产权非正式保护方面，企业主要采取监控、调查和证据采集等手段，确定侵权行为并采取警告措施，避免行政和司法途径产生的高资金投入问题（宋河发等，2013）。同时，基于文化与政治的强联系特征，不少文化创意企业具有国有身份或背景，在知识产权侵权纠纷中不会率先寻求行政或司法帮助，而是交由上级主管机关予以协调。

3. 文化创意企业知识产权运用能力指标

知识产权运用能力主要涉及信息运用、制度运用及资产运用三个方面，相关研究也主要围绕上述三个方面进行指标选取（李黎明等，2014）。

（1）信息运用类指标。信息运用类指标着重考察文化创意企业知识产权信息支持与决策依据的情况，通过对国内外知识产权信息和市场信息的查询、跟踪、收集、监控、分析和评估，确保知识产权运作模式和决策的科学性与有效性，以提升运营效率和效益。具体包含以下五个方面：企业对行业、市场、同行企业、合作方的知识产权信息进行查询、跟踪、收集、监控、分析和评估；利用现有知识产权信息确定创意研发方向和内容；利用现有知识产权信息和数据制定知识产权购置、参投决策；利用现有知识产权信息和数据制定知识产权运营行为和模式决策；利用现有知识产权信息和数据进行知识产权维权证据收集和保护技术开发。

（2）制度运用类指标。制度运用表现在参与专利池（专利组合）以及参与行业（技术）标准两方面。参与专利池（专利组合）能够获取专业化能力和缄默知识，以及与其他机构合作创造知识产权的知识和能力，从而实现一定数量的知识产权搭配，在较短时间内改变企业的竞争态势。同时，参与行业（技术）标准也是企业获取外部知识和推行知识产权产品的一种有效方式，还能够提升企业知名度，获得市场的长期垄断地位和资源优先分配权，推动企业在业界成为标准制定的引领者。

（3）资产运用类指标。现有文献主要从知识产权商业化数量和商业化收益两方面进行衡量。然而，具体到文化创意领域，以知识产权商业化数量来衡量资产运用能力可能导致数据分析的片面性。由于文化创意企业的知识产权产品形式各异（如一本书、一部电影、一张设计图纸或一个游戏软件），同等数量创造的经济收益普遍存在差异较大的情况。同时，文化创意企业的知识产权活动以创意价值实现为主，附着在物质载体上的价值相对较少，其复制、流通以知识产权所有权的交易为主，还可分割衍生为多次授权以获取经济效益。而普通工业企业知识产权附载于物质实体中的价值更大，知识产权交易一般偏重独立的产权（物权）交易，不易实现再创造和多次使用。这也是文化创意企业知识产权与工业企业知识产权在商业实现上的区别。因此，仅从知识产权商业化数量方面进行量化，容易忽视知识产权的复制衍生所创造的潜在经济价值。由此可见，知识产权商业化收益能够更为客观、全面地衡量运营水平。具体地，商业化收益包含自运营和他运营两种形式：自运营商业化收益主要是指自行实施知识产权所得收入，他运营商业化收益则包括知识产权权利转移或分割（如授权、许可、质押、融资）所获得的收入。

4. 文化创意企业知识产权管理能力指标

由文化创意企业的知识产权管理能力概念分析可知，相关核心内容包括战略规划、组织构架和制度设置三个方面。

（1）战略规划类指标。主要包括知识产权管理人员（或法务人员）配备规划、知识产权精细化管理规划、总体布局规划、相关业务及项目的拓展规划、风险预防的升级规划、知识产权投资与交易规划等。

（2）组织构架类指标。主要包括知识产权管理机构设置和管理人员配备两方面。相关指标根据国家知识产权局颁布的《企业知识产权管理规范》选取。

（3）制度设置类指标。制度设置内容主要包括知识产权管理部门管理办法、知识产权专项资金管理办法、知识产权资源管理办法、无形资产评估制度、知识产权奖励制度、知识产权教育培训制度，以及知识产权管理部门参与联盟组建、创意研发过程、项目验收考核和市场营销制度。通过制度设置保障知识产权管理贯穿企业生产经营活动各环节，从而建立良好的知识产权管理规范。此外，本书还考虑了资质认证这一指标，如评选为国家级、省级或市级知识产权示范单位等，由此反映文化创意企业知识产权制度建设水平。

在现有文献的基础上，结合文化创意企业知识产权活动的特殊性，本书初步构建了包括4个一级指标、11个二级指标和20个三级指标在内的文化创意企业知识产权能力测度指标体系（如表3－2所示）。测度指标的选取倾向于体现文化创意企业知识产权形态的多样性，兼顾内容创新与技术创新并存的特征。

表3－2　备选指标集

一级指标	二级指标	三级指标	代码
知识产权创造能力（C）	产出数量	知识产权申请量	C_{11}
		知识产权拥有量	C_{12}
	产出质量	作品获奖	C_{21}
		发明专利占比	C_{22}
知识产权保护能力（P）	事前保护	作品自愿登记	P_{11}
		知识产权合同签署	P_{12}
	事中保护	法务人员长效参与	P_{21}
		过程风险防范机制	P_{22}
	事后保护	司法保护	P_{31}
		行政保护	P_{32}
知识产权运用能力（U）	信息运用	信息支持与决策依据	U_{11}
	制度运用	参与行业（技术）标准	U_{21}
		参与专利池（专利组合）	U_{22}
	资产运用	知识产权他运营收入占比	U_{31}
		知识产权自运营收入占比	U_{32}
知识产权管理能力（M）	战略规划	知识产权战略规划	M_{11}
	组织构架	管理机构设置	M_{21}
		管理人员配备	M_{22}
	制度设置	管理制度设置	M_{31}
		资质认证	M_{32}

（三）基于多案例的指标要素验证

鉴于文化创意企业的知识产权能力具有不同于一般工业企业的独特性，其测度备选指标的构建在传统指标体系的框架下进行了一定程度的探索和突破。因此，本书选择通过多案例研究对备选指标进行验证，这样有助于充分把握和检验文化创意企业知识产权能力的特性，提升测度指标体系的内容效度。同时，考虑到文化创意企业门类众多，有必要选择多案例研究，以强化结论的说服力和普适性，保障更高的外部效度。

基于实地调研及获取资料的便利性，本书分别选取了包括西安电视剧版权交易中心、西安维真视界影视文化传播股份有限公司、陕西云创网络科技股份有限公司、陕西新华出版传媒集团有限责任公司、西安昭泰文化发展有限公司、西安纷腾互动数码科技有限公司、西安元智系统技术有限责任公司、陕西人民艺术剧院有限公司在内的 8 家文化创意企业进行调研和访谈，样本企业基本情况如表 3 - 3 所示。在前文所述 20 个备选指标的基础上，从实践层面进一步揭示文化创意企业在知识产权创造、保护、运用和管理四个层面的指标要素和特征。

表 3 - 3 样本企业的基本情况

简称	性质	年限	所属行业	主营业务	资质/荣誉
西安版权	国企	7 年	广播电影电视	依托版权社会化服务和版权市场化运营两大板块，为影视制作、动漫游戏、图文音乐等搭建专业的版权信息发布平台、交易平台、金融支持平台和专业服务平台	国家级版权交易平台，陕西省版权示范单位，中国版权最具影响力企业
维真视界	民企	8 年	文化创意与设计、广播电影电视	动漫内容创作与运营、衍生产品开发和形象授权，并结合新兴科技开发基于互联网和移动客户端的儿童益智产品和服务，经营范围涉及 ACG 领域、MJ 动画、图书、电影、短片制作、AR 教育服务等	国家级动漫企业，陕西省版权示范单位，高新技术企业
云创科技	国企	4 年	软件、网络及计算机服务	通过信息化服务、系统集成运营服务和大数据及云服务等，构建旅游综合监管平台和公共服务平台，打造政府、景区、游客三方无缝联结的智慧旅游综合平台及共享生态圈	国家级文化和科技融合示范基地，陕西省十佳电子商务网站，高新技术企业
纷腾互动	民企	12 年	文化创意与设计，软件、网络及计算机服务	主要从事大型网络游戏、图形化虚拟社区及棋牌、休闲游戏的研发及应用，提供创意优秀的网游产品，目前是西北地区最大的网络游戏研发公司	西安市知识产权先进单位，"双软"企业，高新技术企业

续表

简称	性质	年限	所属行业	主营业务	资质/荣誉
昭泰文化	民企	9年	文化创意与设计、文化休闲娱乐	通过文化、3D打印与设计的融合，开发根植于地区特色文化的产品和服务，为客户提供咨询、策划、设计等一站式服务，在强调功能的基础上提升品牌价值	快速制造（3D打印）国家工程中心，旅游商品研发基地，中国旅游协会理事单位
新华出版	国企	7年	新闻出版发行	从事图书、报纸、期刊、电子音像、网络出版物的出版、发行，涉及版权贸易、印刷、产品设计等多种业务板块，并通过数字化转型、发行模式创新和新闻出版发展项目等，满足读者多角度、全方位、多层次的阅读需求	陕西省版权示范单位，第二批数字化转型示范单位，国家数字复合出版工程试点单位
西安元智	国企	10年	文化创意与设计，软件、网络及计算机服务	以各大博物馆、文物景区为客户源，通过文物智慧保护、管理和服务专业方案设计及实施，构建精确可靠的文物预防性保护监督评估系统，提供VR技术产品的3D体验	高新技术企业，陕西省安全防范工程单位，获文物保护工程施工资质
陕西人艺	国企	7年	文化艺术	以创作、改编、排演舞台剧目为主，属于全国八大人民艺术剧院之一	获陕西省"创新一等奖"，获中国话剧会"优秀管理经营奖"

资料来源：企业提供的第一手资料及官方网站发布的信息。

本书分析了上述企业在知识产权创造、保护、运用和管理四个方面的特殊性，反映了有价值的指标要素和特征（如表3-4至表3-7所示）。多案例研究结果表明，20个备选指标要素在企业实际层面均有所体现，相关事实依据也呈现于后续专家审议之中。

表3-4 知识产权创造能力指标要素的多案例验证

能力构成	备选指标	指标特征	案例
知识产权创造能力	知识产权申请量	文化创意企业知识产权除著作权自动获得法权以外，专利权、商标权、软件著作权等均需要经过申请才能获得	维真视界：2项专利正在申请，88项注册商标正在申请 云创科技：积极开展校企合作，一些阶段性成果正在进行知识产权申请 纷腾互动：与西安三角犀数码科技协同合作开发游戏软件，4项软件著作权和2项注册商标正在申请

续表

能力构成	备选指标	指标特征	案例
知识产权创造能力	知识产权拥有量	文化创意企业知识产权成果不限于专利权，著作权（包括软件著作权）和商标权也是重要的知识产权类型	维真视界：截至2016年，著作权172项（其中软件著作权4项）、外观专利14项、注册商标31项 西安元智：重视自主知识产权的研发，相关产品已经在多个行业应用。已获得专利31项、注册商标2项及软件著作权9项 陕西人艺：自2013年开始，积极培育小剧场话剧，先后创作排演了《剧组也疯狂》《嘻行漫记》《长安好人》《欲望酒吧》等30余部剧目 云创科技：自成立以来，软件技术均为自主研发，已经获得软件著作权20项和注册商标39项
	作品获奖	作为内容生产企业，作品获奖是文化创意企业知识产权创造质量的重要衡量标准。因此，作品获奖的数量和荣誉级别能很好地体现知识产权创造水平	陕西人艺：多次荣获"文华导演奖"、"文华表演奖"、中国戏剧"梅花奖"、"五个一工程奖"、话剧"金狮奖"等国家级奖项 昭泰文化：获得多项国家级、市级旅游商品荣誉奖项，包括中国旅游商品大赛铜奖、西部数控加工创意大赛"归程"银奖和"心幡"铜奖、西部文化产业博览会最佳展示奖等 西安元智：自主研发的"馆藏文物保存环境监测系列产品"项目荣获"全国十佳文博技术产品"荣誉称号
	发明专利占比	发明专利占有效专利数量的比例	西安元智：拥有一系列国内先进的与馆藏文物保存环境监测相关的发明专利，发明专利占比不断提升，荣获西安市科学技术进步一等奖 昭泰文化：在3D打印方面积累了相关的发明专利

表3-5　知识产权保护能力指标要素的多案例验证

能力构成	备选指标	指标特征	案例
知识产权保护能力	作品自愿登记	企业主要采用作品自愿登记形式进行确权，以开展知识产权事先保护	维真视界：围绕"秦亲宝贝"及原创动漫系列进行作品自愿登记，登记率为100%，为确权和抑制市场仿制提供有力的行政保护证据

能力构成	备选指标	指标特征	案例
知识产权保护能力	作品自愿登记	企业主要采用作品自愿登记形式进行确权，以开展知识产权事先保护	西安版权：美术、音乐、视频、图书、剧目等作品均进行了自愿登记 纷腾互动：在网络游戏和平台软件开发中，积极进行软件著作权申请和作品登记
	知识产权合同签署	知识产权事先保护注重在合同中明晰权利归属、权利范围和权利种类，保障合法权利不被签走和权属合同顺利执行	新华出版：事先与作家签署专有出版权协议，协商并确定著作的改编权归属，避免侵权纠纷和知识产权流失风险。一般而言，知识产权归属是著作权属于作者，企业拥有的是专有出版权和封面设计权，后续的再版需要双重新约定 西安版权：影视作品的知识产权细分较为复杂，主要包括卫视的播映权、信息网络传播权、地面台的播映权、IPTV 的播映权、音像制品和其他的衍生品权利。在知识产权合同签署中均需进行细分，便于确立维权凭证
	法务人员长效参与	文化创意企业知识产权保护贯穿于创意、研发、生产、经营和反馈的全过程，需要确保知识产权法务人员与其他业务部门的交流合作	西安元智：主要以"老带新"的形式，围绕具体工作事项进行知识产权保护策略和保护流程的学习，防止创新过程中核心技术泄密现象。同时，由于高技术行业人才流动比较大，企业要求全员实时与律师事务所沟通，不断积累实践经验，保证知识产权保护的时效性 云创科技：互联网企业的数据信息和商业秘密的过程保护尤为重要，因而在项目研发、网络营销和品牌推广过程中，注重保持知识产权法务人员与各业务部门的交流互动和边干边学
	过程风险防范机制	知识产权活动过程中的风险预警与防范机制	新华出版：编辑有自己的创作群，及时和各个作者互动，了解市面图书盗版的情况，争取掌握侵权的一手资料 维真视界：积极运用媒体资源，与线上、线下的销售渠道保持沟通，及时了解市场侵权盗版的情况，采集一手证据

续表

能力构成	备选指标	指标特征	案例
知识产权保护能力	司法保护	对知识产权通过司法途径进行保护	西安版权：代理了一些中小企业知识产权维权事宜，2016 年受理仲裁案件 10 起，成功处理 8 起，在业界赢得口碑 西安元智：通过申请专利司法保护，抵制市场侵权行为
	行政保护	由于著作权保护属于边缘性保护范畴，司法维权难度大、风险高、耗时长且赔偿低，文化创意企业更倾向于依靠行政保护	西安版权：配置了 100 万元的专项维权资金，主要采取主动调查、侵权取证、会议商讨和发放律师函进行维权警告等方式阻止侵权行为 维真视界：通过巡访各大景区、卖场和商铺，以及接收监督举报信息，配合相关打假执法部门劝说和警告盗版商家，要求其改用正版产品进行销售 新华出版：针对自有畅销书的盗版纠纷，一方面，采用发放律师函形式，告知侵权方停止违法行为；另一方面，联系陕西省新闻出版局对盗版书进行市场监控和行政处罚

表 3-6　知识产权运用能力指标要素的多案例验证

能力构成	备选指标	指标特征	案例
知识产权运用能力	信息支持与决策依据	通过对知识产权及相关信息的查询、跟踪、收集、监控、分析和评估，确保知识产权运营行为、模式和决策的科学性和有效性，提升运营效率和效益	云创科技：建立了知识产权信息采集和交易系统，主要用于专利地图绘制、数据采集、交易评估、市场侵权监控和营销内容策划，让企业管理层和员工快速、方便、有效地监控知识产权竞争环境和掌握自身知识的变化情况，为互联网旅游营销提供充分的技术保障和科学导向，保持行业领先 西安版权：建立了多渠道、全方位的版权信息采集体系，同时对各种剧目信息进行分类，推送至播出机构。2015 年，成立影视大数据中心，打造基于互联网技术的社会化影视版权评估新机制和影视运营的专业体系

续表

能力构成	备选指标	指标特征	案例
知识产权运用能力	知识产权他运营收入占比	通过知识产权授权许可等方式获取收入	维真视界：营业收入主要来源于明星IP形象授权和相关衍生品开发。近三年来，与新华网、秦龙银行等进行合作授权。2016年，许可收入占比约为15% 西安版权：自2011年5月成立以来，知识产权市场化运营的主要对象是影视作品和电视剧，聚焦于影视图书的改编和图书的影视化，涉及改编、投融资、引导和发行等业务环节。西安版权不断整合资源和拓宽业务，现已构建包括图文、游戏、动漫、话剧、音乐等在内的全版权运营体系
	知识产权自运营收入占比	自主运营知识产权所得收入	西安元智：知识产权运营方式以自主运营为主。近三年，自运营收入年均占比为26% 维真视界：通过景区自营产品销售以及线上销售等，自运营收入占比超过80%
	参与行业（技术）标准	知识产权入选行业（技术）标准，带动行业水平不断进步	飞鸟文化：企业多项知识产权入选业标准
	参与专利池（专利组合）	参与国家、地方等专利池（专利组合）的知识产权数量	西安元智：目前专利以自主运营方式为主，未来发展会更加注重协同创新与专利组合战略

表3-7 知识产权管理能力指标要素的多案例验证

能力构成	备选指标	指标特征	案例
知识产权管理能力	知识产权战略规划	知识产权战略规划从不同角度解释和规划了企业知识产权发展的目标、计划及策略，保证各部门协调、有序配合	西安版权：提出了"1个中心、3条主线"的知识产权战略规划。1个中心就是影视数据评估体系的建设，3条主线就是版权内容、版权金融和版权法务。这个战略是企业根据过去6年的市场实践制定的。按照这个思路，企业不断扩展版权业务，形成了多方位的版权运营支撑体系

续表

能力构成	备选指标	指标特征	案例
知识产权管理能力	知识产权战略规划	知识产权战略规划从不同角度解释和规划了企业知识产权发展的目标、计划及策略，保证各部门协调、有序配合	陕西人艺：针对话剧市场发展滞后的现状，利用丰富的人才储备优势，积极培育小话剧，提出了"构建以话剧为重、以多种经营模式为手段的新型话剧产业链"的长期发展战略 西安元智：经过10多年的发展，现在有知识产权50多项，实现知识产权的初期积累。企业制定了知识产权中长期战略规划，现阶段任务侧重于全面申请、协同布局、全方位保护，以更好地支持整体的业务深化和拓展需要
	管理机构设置	知识产权管理的组织部门设置	西安版权：成立了版权法务部，配有法务部长、法务助理以及相应的法务部管理职责和管理办法。主要围绕与版权制度学习、版权登记、版权维权、版权评估、质押融资、版权商业运作相关的事宜开展工作 维真视界：知识产权管理主要由行政部、运营部、销售部和品牌推广部联合负责。首先由制作部开展知识产权申请，交由行政部审批和上报，取得知识产权注册、授权或登记之后，推送到运营部、销售部和品牌推广部进行市场化操作，并将客户需求和市场营销行情反馈制作部，实现创意、研发与市场开发环节的紧密融合
	管理人员配备	负责知识产权管理工作的人员配备	西安元智：组建了知识产权管理部，配有专门的管理负责人，注重知识产权运作流程协调、产权评审与申报、产权权益分配与激励、全员行为约束、知识产权文化氛围建设等 维真视界：由行政人员负责知识产权管理
	管理制度设置	知识产权管理的相关制度规定	西安版权：制定了知识产权管理办法，主要包括总则、风险管理、合同管理、咨询管理、重大经营决策管理、规章制度管理等内容，落实精细化管理，深度嵌入生产经营全流程，对企业知识产权相关资源的合理配置起到规范与引导的作用

续表

能力构成	备选指标	指标特征	案例
知识产权管理能力	资质认证	知识产权管理贯标及资格认定	西安元智：自 2016 年开展知识产权管理规范贯标活动以来，企业开始注重主动保护核心技术和加强制度流程建设，对行政、研发、财务、人事等部门的知识产权工作实行规范化管理

（四）专家审议

笔者邀请知识产权专家、文化创意领域学者、文化创意企业高层管理者和政府主管部门专家，组成 15 人专家小组，对初步构建的指标进行审议（如表 3 - 8 所示）。参照魏江等（2015）的评审方法，设定单个三级指标的内容效度指数为：$CVR = 2(n_\varepsilon - n/2)/n$。其中，$n_\varepsilon$ 是建议保留指标的专家数，n 为专家总人数。若 CVR 的数值为正数，就保留该指标，否则不保留。

根据专家审议结果，遵循测度的可操作性、代表性和科学性等原则，本书构建了以知识产权能力构成为基础的指标体系，具体如表 3 - 9 所示。

表 3 - 8　指标筛选及操作方式的专家审议结果

备选指标	得分	专家意见	保留结果
知识产权申请量	0.33	需要注意文化创意企业的著作权属于自动生成的法权，无须申请。此项仅考察专利权、软件著作权及商标权等知识产权申请量	保留该指标
知识产权拥有量	0.73	拥有著作权（包括软件著作权）、专利权、商标权、商业秘密、域名权等知识产权数量	保留该指标
作品获奖	0.60	作品获奖种类众多，难以统一。从国际级、国家级及地区（行业）级三个层面对作品获奖情况进行归类较为适合	保留该指标
发明专利占比	0.47	发明专利占比能够较好地反映企业的技术创新水平	保留该指标
作品自愿登记	0.33	由于不同行业企业的作品登记数差别较大，该指标不适合纳入打分体系	保留该指标，操作方式修改为"作品自愿登记数占知识产权拥有量的比例"

备选指标	得分	专家意见	保留结果
知识产权合同签署	0.47	建议从合同签署权利归属的明晰程度和预期权利获取两个方面进行衡量	保留该指标
法务人员长效参与	0.20	通过主观打分判断知识产权法务人员全过程融入创意策划、内容设计、项目开发等生产经营活动的程度	保留该指标
过程风险防范机制	0.87	风险预警与防范机制需要进行主观打分，根据相关制度的完善程度进行衡量	保留该指标
司法保护	0.20	向法院起诉、申请仲裁的案件数	保留该指标，并将司法保护与行政保护作为统一指标进行处理，命名为事后保护指标
行政保护	0.87	向行政主管部门、知识产权相关监管部门申请维权次数	保留该指标
信息支持与决策依据	0.60	考察知识产权信息系统建设以及在投资、研发、维权、运营模式等方面的决策	保留该指标
参与行业（技术）标准	0.60	主要表现为参与行业标准，参与技术标准的企业相对较少	保留该指标
参与专利池（专利组合）	0.20	不少企业制度运用的形式是参与行业（技术）标准，而参与专利池（专利组合）的相对较少	保留该指标，并将参与行业（技术）标准和参与专利池（专利组合）的总数作为统一的指标来处理
知识产权自运营收入占比	1.00	用知识产权自运营和他运营收入之和占主营业务收入的比重进行衡量较为合适	保留该指标。由于文化创意企业知识产权实现方式各异，其余的量化方式过于复杂
知识产权他运营收入占比	1.00	用知识产权自运营和他运营收入之和占主营业务收入的比重进行衡量较为合适	保留该指标
知识产权战略规划	0.60	建议从知识产权防御战略、创新战略、精细化管理、投资运营等方面进行测评	保留该指标
管理机构设置	0.47	设置知识产权管理机构或委托代理机构	保留该指标

备选指标	得分	专家意见	保留结果
管理人员配备	0.73	配备专职、兼职的知识产权管理人才	保留该指标。建议与机构设置指标合并,因为机构设置与人才队伍建设紧密相关
管理制度设置	1.00	知识产权管理办法的制定和执行等	保留该指标
资质认证	-0.33	获得全国(地区)知识产权试点示范创建单位资格	不保留该指标

表 3-9　文化创意企业知识产权能力指标

指标	衡量内容
知识产权申请量	专利申请、商标申请等数量之和
知识产权拥有量	著作权、专利权、注册商标等知识产权数量之和
作品获奖	国家级(国际)、地区及省级作品获奖数量
发明专利占比	发明专利占有效专利的比例
作品自愿登记	作品权属采取行政登记的数量
知识产权合同签署	合同签署中权利归属的明晰程度和预期权利的获取
法务人员长效参与	知识产权人才全过程融入企业活动的程度
过程风险防范机制	知识产权保密、市场监控、应急预案及竞业协议签订等
事后保护	以行政和司法两种手段进行维权的意愿和效果
信息支持与决策依据	知识产权信息系统建设以及在投资、研发、维权、运营模式等方面的决策
参与标准和专利池	参与标准和专利池的知识产权数量
商业化运营	知识产权自运营和他运营的收入
战略规划	知识产权防御战略、创新战略、投资运营战略等
组织机构与人员配置	知识产权管理机构设置、人才配置及委托代理管理
制度设置	知识产权部门管理办法、专项资金、无形资产评估、激励机制、学习与培训等

(五)　实证测度

1. 数据采集

由于上述指标体系的数据难以从相关统计年鉴及数据库中获取,因此本书采用问卷调查的方法为原始指标赋值。基于数据的可得性和调研的可行性，本书选取西安市曲江文化产业园区、国家数字出版基地、西部云谷、高新区创业园区、西安软件园示范区及周边地区的企业作为调查对象。同时，参考《文化及相关产业分类标准》及《北京市文化创意产业分类标准》，本书的文化创意企业主要涉及广播电影电视，新闻出版发行，文化艺术，软件、网络及计算机服务，文化创意与设计，文化休闲娱乐六大细分行业。通过实地调研、参会发放、邮寄和 E-mail 形式向文化创意企业发放问卷共 320 份，回收 215 份（回收率 67.19%）。剔除了部分数据严重缺失、尚未拥有知识产权以及不匹配的无效问卷后，获得有效问卷 142份（有效率 66.05%）①。调研企业情况如表 3-10 所示。

表 3-10　样本特征分布情况

基本特征	类别	样本数（家）	占比（%）
企业员工数	<20 人	26	18.31
	20~50 人	34	23.94
	51~100 人	38	26.76
	>100 人	44	30.99
行业类别	广播电影电视	9	6.34
	新闻出版发行	10	7.04
	文化艺术	16	11.27
	软件、网络及计算机服务	43	30.28
	文化创意与设计	47	33.10
	文化休闲娱乐	17	11.97
企业创办年限	<2 年	11	7.75
	2~5 年	45	31.69
	6~10 年	56	39.44
	>10 年	30	21.13
所有制结构	国企	49	34.51
	民企及其他	93	65.49

① 调研问卷有效回收率较低，主要原因在于发放问卷共包含两套问卷，即知识产权能力测度问卷和后续章节中所需收集的影响因素数据问卷。考虑到两部分数据都要充分，因而回收问卷和可用问卷的占比有所降低。

基本特征	类别	样本数（家）	占比（%）
企业总资产	<500万元	84	59.15
	≥500万元	58	40.85

调查问卷主要分为两部分：直接量化数据和间接量化数据。直接量化数据主要包括知识产权申请量、知识产权拥有量、作品获奖、发明专利占比、作品自愿登记、事后保护（包括行政保护和司法保护）、参与标准和专利池、商业化运营。间接量化数据中，知识产权合同签署、信息支持与决策依据、法务人员长效参与以 0－1 二元选项计分汇总得出，题项设置依据罗珉等（2015）、Brakus 等（2009）及国家知识产权局发布的《中央企业知识产权调查问卷》。战略规划、制度设置、组织机构与人员配置、过程风险防范机制以 0－1 二元选项计分汇总得出，题项设置参考白彦壮等（2015）、宋河发等（2013）及国家知识产权局发布的《中央企业知识产权调查问卷》。

2. 基于因子分析法的测度计算

目前，因子分析法已经被广泛运用于企业能力测度研究，主要原因在于采取多指标法进行测度计算可能造成指标之间的信息重叠，进而影响测度体系对能力特质的真实反映。然而，因子分析法能够从指标数据的相关矩阵出发，对多项数据进行降维处理并提取不具相关性的公共因子，较好地解决了指标相关性问题。因此，本书选用因子分析法进行测度计算，并利用统计学 SPSS 20.0 软件对原始数据进行标准化处理。最终，通过因子分析的适用性检验、公共因子的确定及指标权重和测度计算，获得调研企业的知识产权能力分值。

（1）因子分析的适用性检验

开展 KMO 和 Bartlett 球形检验，结果如表3－11所示。其中，KMO 值为 0.875，大于 0.7，表明变量间的相关性较强且存在共同因素。Bartlett 球形检验中，显著性水平为 0.000，达到开展因子分析的要求。

表 3 - 11　KMO 和 Bartlett 的检验

检验项目	系数
取样足够度的 Kaiser-Meyer-Olkin 度量	0.875
Bartlett 的球形度检验近似卡方	2088.775
自由度	105
显著性水平	0.000

（2）公共因子的确定

通过主成分分析法提炼出特征值大于 1 的 4 个因子，累计解释方差为 84.044%（见表 3 - 12），说明所提取的因子包含了指标体系中的绝大部分信息，可作为综合变量来测度文化创意企业的知识产权能力情况。

表 3 - 12　解释的总方差

成分	初始特征值			提取平方和载入			旋转平方和载入		
	合计	方差（%）	累计解释方差（%）	合计	方差（%）	累计解释方差（%）	合计	方差（%）	累计解释方差（%）
1	7.366	49.106	49.106	7.366	49.106	49.106	4.042	26.948	26.948
2	2.363	15.753	64.860	2.363	15.753	64.860	3.096	20.641	47.589
3	1.650	11.000	75.859	1.650	11.000	75.859	2.883	19.218	66.806
4	1.228	8.184	84.044	1.228	8.184	84.044	2.586	17.237	84.044
5	0.438	2.920	86.963						
6	0.396	2.642	89.606						
7	0.308	2.056	91.662						
8	0.280	1.866	93.528						
9	0.224	1.493	95.021						
10	0.212	1.413	96.434						
11	0.196	1.308	97.742						
12	0.135	0.900	98.642						
13	0.085	0.567	99.209						
14	0.068	0.455	99.664						
15	0.050	0.336	100.000						

进一步地，采用正交旋转法中的最大方差法对因子载荷矩阵进行旋转。表 3 - 13 中所提取的 4 个因子的载荷系数普遍大于 0.70。其中，作品

自愿登记、知识产权合同签署、法务人员长效参与、过程风险防范机制及事后保护在第一个公共因子上有较高载荷，这些指标均属于知识产权保护能力指标，反映了文化创意企业的知识产权保护水平，命名为知识产权保护能力因子；知识产权申请量、知识产权拥有量、作品获奖及发明专利占比在第二个公共因子上有较高载荷，这些指标均属于知识产权创造能力指标，反映了文化创意企业的知识产权创造水平，命名为知识产权创造能力因子；信息支持与决策依据、参与标准和专利池、商业化运营在第三个公共因子上有较高载荷，这些指标均属于知识产权运用能力指标，反映了文化创意企业的知识产权运用水平，命名为知识产权运用能力因子；战略规划、组织机构与人员配置及制度设置在第四个公共因子上有较高载荷，这些指标均属于知识产权管理能力指标，反映了文化创意企业的知识产权管理水平，命名为知识产权管理能力因子。

表 3 – 13　第五次旋转后的因子载荷阵

指标	旋转成分矩阵			
	1	2	3	4
知识产权申请量	0.292	**0.835**	0.307	0.272
知识产权拥有量	0.240	**0.835**	0.251	0.258
作品获奖	0.253	**0.703**	0.356	0.231
发明专利占比	0.103	**0.885**	0.019	0.195
作品自愿登记	**0.897**	0.189	0.230	0.192
知识产权合同签署	**0.845**	0.146	0.059	– 0.025
法务人员长效参与	**0.805**	0.217	0.083	0.122
过程风险防范机制	**0.884**	0.152	0.162	0.137
事后保护	**0.857**	0.098	0.150	0.147
信息支持与决策依据	0.198	0.179	**0.911**	0.183
参与标准和专利池	0.111	0.181	**0.889**	0.118
商业化运营	0.191	0.211	**0.886**	0.161
战略规划	0.113	0.261	0.123	**0.868**
组织机构与人员配置	0.143	0.280	0.221	**0.790**
制度设置	0.144	0.179	0.128	**0.900**

对共同因子的一致性或稳定性进行检验，Cronbach'α系数越高，代表内部一致性越佳，因子提取的信度也越高。从表3-14可以看出，总量表及各因子的Cronbach'α系数均高于0.800，证明该数据及因子分析结果均具有较高的可信度。

表3-14　可靠性检验

名称	Cronbach'α系数	项数
总量表	0.924	15
知识产权创造因子	0.930	4
知识产权保护因子	0.935	5
知识产权运用因子	0.941	3
知识产权管理因子	0.897	3

（3）指标权重及测度计算

表3-12所示的因子特征值（或方差贡献率）反映了该因子对原始信息的提取程度，以因子各自的贡献率在累计方差中的比重为权数加权计算综合得分。其中，知识产权创造能力因子、保护能力因子、运用能力因子和管理能力因子的权重分别为0.246、0.321、0.229和0.205。在此基础上，采用因子分析法计算调研企业知识产权能力的综合评分。

四　结果与分析

从知识产权能力测度总体情况来看，企业的综合得分普遍较低，整体处于中等偏下水平，反映出当前文化创意企业的知识产权能力建设刚刚起步，具有知识产权优势的企业并不多，在知识产权产出规模、依法维权水平、商业化程度和系统性管理方面存在很大的提升空间。当前，陕西省文化创意产业发展处于积极探索的实践阶段，不少企业正值创新投入期和知识产权培育期，存在创新活力不足、知识产权产品单一、知识产权经营业绩差等一系列问题，给知识产权能力建设带来了困难。由此表明，测度结果与企业真实状况较为相符，表明指标体系具有一定的科学性和合理性。

（一） 知识产权创造能力因子结果分析

多数文化创意企业的知识产权创造能力因子分值介于 −0.5 与 1 之间，高分值企业不多，反映出调研企业的知识产权产出数量和质量仍然不足。从测度问卷的题项数据来看，主要有企业内容原创力不足且存在行业差异、产品科技含量低以及在新兴创意领域未能形成自主知识产权优势等问题。

在内容原创方面，87 家企业拥有著作权，占总数的 61.27%；51 家企业已经获得或正在申请软件著作权，占企业总数的 35.92%；39 家企业在近 3 年获得省级（地区）以上作品奖励，占总数的 27.46%。这表明，现阶段调研企业的原创精品不断涌现，尤其是影视出版的创作生产及软件开发的优势较为突出。然而，企业知识产权创作总体上缺乏"高峰"，在全国叫得响的作品或品牌较为匮乏，获得国家级奖项的作品占比也明显偏低，反映出当前文化创意企业的内容原创力仍需进一步提升。同时，各行业的知识产权创造水平也并非均衡发展，存在较大的行业差异。譬如，著作权资源丰富且作品获奖多的企业大多集中于图书、影视、演艺等较为传统的行业，而在新兴行业则较为欠缺。

在技术创新方面，52 家企业获得或正在申请专利，占企业总数的 36.62%，并且以硬件配套服务领域为主。这说明调研企业在技术创新和科文融合方面较为薄弱，尤其是在人机互动、虚拟体验、创意设计、文化旅游、数字技术等领域缺乏科技创新，技术含量和文化价值尚未得到充分体现，限制了企业知识产权产出水平和扩展领域。

（二） 知识产权保护能力因子结果分析

知识产权保护能力因子得分结果显示，38.03% 的企业高于平均水平，但是多数企业的因子分值普遍较低，介于 −2 与 0 之间。进一步分析调研数据可知，尽管企业具备了一定的知识产权保护意识，然而在作品自愿登记、法务人员长效参与、过程风险防范机制等方面存在明显不足。

在事先保护方面，调查表明，只有少数企业全部进行了作品登记，不足 35% 的企业在知识产权合同签署方面获得了预期权属和合理的权益分配，这说明文化创意企业尚未足够重视知识产权前端保护，可能导致企业的创新创意无偿流失。

在事中保护方面，超过 60% 的企业并未建立知识产权人员全过程参与的风险防范机制，不足 10% 的企业配置了专职法务人员，由此反映出知识产权人员的作用未能得到充分重视，这种参与机制的缺失可能导致企业中途遭受作品侵权、衍生品侵权及被恶意抢注商标等，不利于企业获得完整的知识产权权属，增加了后续维权难度。此外，不少企业的知识产权风险防范机制不完善，造成知识产权风险处理、紧急预案发布、防控监管等方面较为薄弱。例如，不足 35% 的企业与核心技术员工和创意团队签署了竞业协议或创新成果保密协议，防止创意技术泄露。

在事后保护方面，大部分企业通过发放律师函及协商、行政警告等方式进行过维权，选择司法途径解决纠纷的只在少数，更多的企业选择不申诉、不应诉。通过上述分析来看，调研企业的知识产权保护行为基本属于被动防御。

（三）知识产权运用能力因子结果分析

在知识产权运用能力因子得分方面，企业之间呈现较为明显的两极分化趋势。通常情况下，拥有较高知识产权运用水平往往意味着拥有较大的市场占有优势和市场份额分配权，进而推动知识产权覆盖更多的消费群体，提升知识产权运用能力，最终形成"强者更强"的马太效应。然而，实现知识产权成功运营的企业毕竟只在少数，75.35% 企业的得分仍然低于平均分。从问卷统计信息来看，企业普遍存在对知识产权信息运用重视不足、商业运营不活跃和行业主导地位尚未确立等问题。

在知识产权文献信息运用方面，近 70% 的企业尚未健全专业技术、版权资源等方面的数据库，未能经常性开展知识产权信息查询、收集、整理及利用，难以保障知识产权战略制定的合理性、研发方向的科学有效性和保护策略的全面性。

在知识产权商业化方面，多数企业仍是"自产自用"，不到 30% 的企业进行了授权许可，以著作权、商标权、软件著作权为主，并且所得收入占比较低，较少涉及境外授权和海外输出。另外，近 8% 的企业进行过知识产权质押。这一现象与文化创意企业知识产权价值转化的需求不相适应，反映出企业运用知识产权的方式还比较单一和初级，未实现多形式利用以避免闲置和无效创造。知识产权对企业创新的支撑作用没有得到充分发挥，对赢利的贡献尚不显著。调研数据进一步显示，只有不到8%的企业进行过著作权和专利权的质押融资，且融资形式局限于传统的与知识产权金融机构协商定价质押。对于一些在互联网背景下涌现的融资新模式（如IP运营基金、IP质押众筹、IP证券化、IP保险和IP共享经济等），93%的企业表示至今未进行任何尝试。由此表明，文化创意企业的知识产权自运营和授权许可不活跃、融资手段少和资本化程度低，面临较为严重的知识产权转化问题。

在知识产权制度运用方面，少数企业参与了行业（技术）标准，行业主导地位并未确立，无法取得市场的长期垄断地位和市场资源的优先分配权，限制了IP传播广度、衍生深度和业务融合跨度。

（四）知识产权管理能力因子结果分析

整体而言，在知识产权管理能力方面，因子得分分布相对集中。部分企业制定了知识产权工作的短期规划和管理制度，开始注重系统地规划知识产权工作。但是，仍有超过半数企业的分值介于 – 2 和 0 之间，表明管理水平有待进一步提升。从问卷统计信息来看，得分较低的主要原因在于多数企业尚未涉及战略性布局或者成立专职管理部门，未配备专有人员或制定规范化的管理制度。

在战略性布局方面，多数文化创意企业还处于知识产权数量积累的起步阶段，缺乏知识产权工作的中短期规划，管理重点局限于某一具体业务，呈现管理制度综合性弱、管理组织体系化不足的态势。

在专职部门和人才配备方面，由其他部门兼管的企业占比为25%，尚未成立管理部门的企业占比为35%，没有配备专兼职管理人员的企业占比为65.58%。这反映出文化创意企业普遍缺乏相关的组织机构，相关资源的获取、组合、开发、利用和保护等无法得到保障，难以确保知识产权管理模式的科学运行以及各类知识产权客体的协同发展。

在知识产权管理制度方面，管理机构的工作章程、激励制度、约束制度、各部门协调机制、知识产权资产评估制度等有待建立健全。其中，37%的企业没有建立部门协调制度，49%的企业尚未开展知识产权资产评估，反映出管理制度欠缺规范性和处于软化状态。

（五）主要结论

基于已有文献研究，本书通过初步遴选、案例研究和专家审议，对文化创意企业的知识产权能力测度指标进行了层层筛选，最终确定了包括知识产权创造能力、保护能力、运用能力和管理能力四项能力共15个指标在内的测度体系。在此基础上，运用因子分析法对文化创意企业的知识产权能力进行了实证研究，并分析了综合结果及各个能力因子的表现。

总体而言，调研企业的知识产权能力较为薄弱，尚存较大的提升空间，整体仍然处于起步阶段，这一结果与现实情况较为相符，验证了本书构建的知识产权能力测度指标体系可用于实际的测评工作，从而增强了测度体系的实用性。同时，为今后建立一套更为科学合理的文化创意企业知识产权能力测度指标体系提供了实践经验和理论借鉴。

具体来看，在知识产权创造能力因子方面，文化创意企业的自主知识产权正在不断涌现，但是精品作品或知名品牌较为匮乏，获得全国作品奖项的企业占比低，由此表明文化创意企业的内容原创力有待加强。尤其是新兴业态领域的自主知识产权优势尚未形成，与传统行业企业存在较大差异，揭示了各行业的知识产权创造水平发展不均。同时，专利申请及授权多限于硬件配套服务领域，表明文化创意企业技术创新不足，科文融合程度较低，创意内容的科技手段和技术价值未能得到充分重视和体现，在一定程度上抑制了知识产权质量的提升。

在知识产权保护方面，企业的维权意识正在逐渐形成，但是保护行为更倾向于被动防御，主要表现在知识产权事先保护力度明显不足，法务人员的作用也未能得到充分重视，过程风险防范机制不完善。同时，企业在遭受侵权后主要采取行政保护手段，较少通过司法途径解决纠纷，还有部分企业选择不申诉、不应诉。

在知识产权运用方面，企业之间呈现较为明显的两极分化趋势，形成"强者更强"的马太效应，并且多数企业的知识产权运用水平较低，主要表现在尚未完全建立知识产权信息查询、跟踪和分析制度，较少开展知识产权信息运用活动；知识产权商业运营不活跃，以"自产自用"为主，知识产权授权、许可、质押、贷款等收入占比低,表明企业运用知识产权的方式较为单一,未能多形式利用知识产权以避免闲置或无效创造;参与行业(技术)标准、专利池(专利组合)的知识产权数量较少,反映出文化创意企业的行业主导地位并未确立,在一定程度上影响企业取得市场的长期垄断地位和资源优先分配权。

在知识产权管理方面,得分分布相对集中。部分企业能够较为系统地规划和统筹知识产权工作,不断完善相关的管理制度和组织构架,并且开始重视以知识产权管理为基础发展知识产权能力。然而,过半数企业尚未涉及战略性布局,普遍缺乏组织保障和专有人员。这与当前文化创意企业总体处于知识产权能力发展的起步阶段有关,知识产权管理重点多局限于某一具体业务而非综合性战略安排,管理组织体系处于软化状态。相应地,知识产权管理制度也存在欠缺规划性和系统性等问题,在制定知识产权管理部门规章制度、资产评估制度、业务部门协调制度上有待进一步加强。

五 本章小结

本章基于第二章对文化创意企业知识产权能力概念的界定及构成划分,对文化创意企业知识产权能力构成的核心进行了深入解读和剖析。进一步地,总结了文化创意企业知识产权能力的特性,分析了知识产权能力发展过程中各构成要素的重要表征。在此基础上,构建了文化创意企业知识产权能力测度指标体系。基于以往知识产权能力测度指标的文献研究,结合文化创意企业特有的知识产权活动特性,逐一归纳和整理初始指标,并通过多案例验证、专家审议进行指标筛选,构建契合文化创意企业知识产权能力特性的测度指标体系。通过采集上百家文化创意企业的指标数据,运用因子分析法进行实证分析。结果表明,实证结论与现实情况较为相符,体现了本书构建的知识产权能力测度指标体系具有一定的可行性、科学性和合理性。至此,本章完成了文化创意企业知识产权能力概念界定、构成划分及测度研究,也为后文开展知识产权能力影响因素分析奠定了基础。

| 第四章 |

文化创意企业知识产权能力的影响因素

文化创意企业的知识产权能力是使创新创意成果能够实际应用并走向市场的核心能力，也是促进企业创意价值实现的关键。第三章实证研究发现，文化创意企业的知识产权能力普遍低下，亟待提升。如何培育和提升知识产权能力以促进文化创意企业的创新和成果变现，成为理论研究与实践探索的核心议题。其中，最为重要的是识别和探明哪些因素对知识产权能力有积极影响？哪些是关键的影响因素？这些都是指导文化创意企业知识产权运营不可回避的问题，有助于设计有效的激励机制及提升企业知识产权能力。但是，迄今为止，学界尚未对这些问题做出清晰的回答。为了揭开过程"黑箱"，本章的逻辑思路如下：以第二章文化创意企业知识产权能力影响因素的理论框架为基础，以 12 家具有代表性的典型文化创意企业为对象，从资源、能力、外部环境三个层面揭示知识产权能力影响因素的作用及丰富细节，对理论框架进行验证；进一步地，结合案例与理论分析提出研究假设，以上百家文化创意企业为样本，运用多元回归分析方法开展更大范围的实证研究，定量剖析各影响因素与知识产权能力之间的关系，总结理论新发现和管理意涵。

一 基于 12 家文化创意企业的个案分析

现有知识产权能力影响因素研究尚未对文化创意领域展开系统而深入的探讨，未能形成具有普遍解释力和政策含义的理论框架。同时，文化创意企业在知识产权表征形态、保护方式、运营手段等方面与工业企业存在较为显著的差异，其影响因素的特质性有待探索、识别和检验，直接沿用以往有关影响因素的研究结论可能存在适用性争议。因此，需要对现有的研究框架进行突破和发展，其有效性应该在现实世界中得到解释和支持。基于此，本节采用实地个案研究方法，通过实地访谈、二手资料收集、数据编码、关联性分析等（Lee，T. L.，1999），对文化创意企业知识产权能力影响因素的理论框架进行质性研究和定性验证。

（一）个案分析的理论框架

由第二章文化创意企业知识产权能力影响因素的分析可知，资源和能力是知识产权能力形成与发展的两个重要层面。同时，研究表明，知识产权能力并不是在"真空"中实现的，而是受外部环境的影响（Martin，G. et al.，2017）。因此，知识产权能力影响因素的理论框架应该从资源、能力和外部环境三个层面进行构建。在此过程中，为了保证影响因素更具针对性并契合文化创意活动的特质，本书以创意价值驱动因素研究为基础，探索和识别了11个影响因素。其中，资源层面的因素包括创意研发人才、高管的知识产权素质、创新投入和关系网络；能力层面的因素包括组织学习能力、平台能力和体验营销能力；外部环境层面的因素包括外部知识产权保护、政府支持、金融发展和文化地理禀赋（如图4-1所示）。

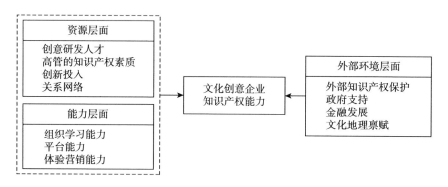

图4-1 知识产权能力影响因素的理论框架

（二）研究设计

管理学领域的实地研究是以观察、记录和沟通等实践为基础，以对经验和互动资料的深度分析为核心的研究方法（王朝辉等，2013）。该方法不仅有助于激发对新理论或观点的探索性研究以及评估现有理论能否在真实世界中得到支持，而且能够以丰富的调研资料得出更贴近事实的结论，进一步明确影响因素"是什么"和"为什么"的问题，是验证理论、评判理论以及构建理论的有效方法（黄晓斌等，2014）。因此，本书采用实地研究进行理论检验。

1. 问题界定

实地研究需要近距离地接触企业及开展面对面的深度访谈，这样才能真正了解和洞察知识产权能力发展过程中的关键因素、活动和事件，了解企业如何思考和行动的实际情况。为此，本书以初步构建的理论模型和观测维度为依据设置研究问题。最终，整理出案例研究需要解决的具体问题，共涉及三个层面、11 个方面共 22 个问题（如表 4 - 1 所示）。例如，在关系网络方面主要从政治关系、商业关系和中介服务关系三个方面进行解构，共分为两个问题。

表 4 -1　案例研究需要分析的变量、观测维度及具体问题

层面	变量	观测维度	具体问题
资源层面	创意研发人才	创意研发人才	①创意研发人才及其构成情况如何？有哪些业界领军人物？②创意研发人才对知识产权能力建设的重要性如何？
	高管的知识产权素质	保护意识	①高管对知识产权的重视程度如何？其所具备的知识产权专业背景和实务经验如何？其对知识产权工作的规划和部署如何？②高管的知识产权素质对企业知识产权能力建设的重要性如何？
		实务经验	
		管理理念	
	创新投入	创意研发投入	①创意研发经费投入力度如何？市场营销的资金投入力度如何？②创意研发投入对知识产权能力建设的重要性如何？营销投入对知识产权能力建设的重要性如何？
		市场营销投入	
	关系网络	政治关系	①企业与政府部门联系密切吗？有哪些商业关系（包括同行企业、媒体方、供应商、营销商、客户、银行、金融方等）？与中介服务机构的关系如何？②这些关系对企业知识产权能力建设的重要性如何？
		商业关系	
		中介服务关系	

续表

层面	变量	观测维度	具体问题
能力层面	组织学习能力	探索学习	①新知识、新创意和新思想的探索学习如何？知识产权法制知识的学习如何？运营开发的学习如何？②组织学习能力对企业知识产权能力建设的重要性如何？
		内化学习	
		开发学习	
	平台能力	受众连接	①是否拥有或正在构建内容（技术）平台？平台的受众连接程度如何？平台的资源集聚度如何？平台交易服务的高效便捷性如何？平台商业成员的参与度如何？②平台能力对企业知识产权能力建设重要吗？
		交易服务	
		资源集聚	
		商业成员参与	
	体验营销能力	感官美学体验	①是否开展体验营销活动？感官体验活动开展得如何？信息及情感互动性如何？个性化与人性化体验如何？体验感受延续性如何？②体验营销能力对企业知识产权能力建设重要吗？
		信息及情感互动性	
		人性化与个性化	
		体验感受延续性	
外部环境层面	外部知识产权保护	立法保护	①知识产权立法完善程度如何？行政执法力度如何？司法保护程度如何？②外部知识产权保护对企业知识产权能力建设的重要性如何？
		司法保护	
		行政保护	
	政府支持	政府支持	①申请或接受过何种政府支持？②政府支持对企业知识产权能力建设重要吗？其影响如何？
	金融发展	放贷政策	①地区金融放贷政策如何？地区银行信贷如何？证券市场发展程度如何？②金融发展对企业知识产权能力建设重要吗？
		金融信贷	
		金融市场	
	文化地理禀赋	历史文化资源	①地区历史文化资源禀赋高吗？是否具有强势的地区文化品牌和符号形象？地理优势体现在哪些方面？②文化地理禀赋对企业知识产权能力建设的重要性如何？
		地区品牌形象	
		地理优势	

2. 案例选择

案例研究包括单案例研究与多案例研究。其中，单案例研究能够更为清晰地展示细节，而多案例研究适用于在多个对象之间进行横向比较，从而发现更为普遍的规律并确认一般性的模式（王朝辉等，2013）。本书采用多案例研究，原因在于文化创意企业涵盖的行业门类较多，多案例的复现逻辑（Replication Logic）有助于确认共同特征，且具有更高的外部效度。

在案例企业的选择中，遵循以下标准。第一，企业专注于创新实践已有一段时间，拥有较为丰富的自主知识产权资源和一定的行业影响力。第二，企业拥有较为丰富的知识产权能力建设经验。判断企业知识产权能力建设是否成功，主要从知识产权创造能力、保护能力、运用能力和管理能力四个方面进行，从而确保企业有关知识产权能力建设的经验是值得借鉴的。第三，案例选择的企业涵盖文化创意产业各个行业领域（行业划分标准同前述章节一致），涉及广播电影电视，新闻出版发行，文化艺术，软件、网络及计算机服务，文化创意与设计，文化休闲娱乐。第四，为了保证数据可得性和调研信息的充裕度，同时减少制度、市场等外部环境的影响差异，本书选择同一省份即陕西省的文化创意企业为研究对象。目前，陕西省文化创意企业的知识产权能力建设已经提上议程。在知识产权竞争日益激烈的环境下，越来越多的企业把发展知识产权能力作为核心目标，为本研究提供了较好的样本基础。根据上述标准，本书选择12家企业进行研究（基本情况如表4－2所示）。

表4－2　样本企业简介

企业代码	性质	年限	所属行业	基本情况
WT	国企	7年	广播电影电视	有注册商标、版权。2013年被中国版权协会评为"中国版权最具影响力企业"，被评为"国家级版权示范单位"
WZ	民企	8年	文化创意与设计	有注册商标、专利、著作权（包括软件著作）。目前，企业处于业务快速发展、产品多样化的成长期，是陕西省版权示范单位
RY	国企	7年	文化艺术	有著作权，累计推出25部的原创及引进剧目
YZ	民企	10年	文化创意与设计	有注册商标、专利、著作权（包括软件著作）。目前，企业产品和服务具有竞争优势，占据一定的市场份额
FN	民企	12年	文化创意与设计	有注册商标、著作权。目前，企业处于知识产权数量积累期
JD	国企	6年	新闻出版发行	有著作权。目前，企业被评为一级出版社，并获"全国百佳图书出版单位"荣誉称号

续表

企业代码	性质	年限	所属行业	基本情况
YH	国企	7 年	新闻出版发行	设立了研发基地，有注册商标、专利、著作权（包括软件著作）
HX	国企	6 年	文化休闲娱乐	有注册商标、著作权（包括软件著作），下设旅游商品研发基地
RB	国企	4 年	新闻出版发行	有注册商标、著作权（包括软件著作）
FT	民企	12 年	软件	有注册商标、著作权（包括软著）。2009 年被评为"知识产权先进单位"
ZT	民企	9 年	文化创意与设计	设立了研发（创意）中心，有注册商标、专利、著作权（包括软件著作）。目前，制定了详细的知识产权战略，处于战略实施期
WH	民企	16 年	软件、网络及计算机服务	设立了研发（创意）中心，有注册商标、专利、软件著作权

资料来源：数据来自企业调研，成立年限截至 2016 年底。其中，事转企的年限按正式挂牌之后计算。企业名称以代码形式呈现。

3. 数据采集

本书采用多种资料来源相互印证，以期更为科学和全面地揭示问题。通常情况下，资料来源越多，研究效度越高。因此，本书同时采用一手资料和二手资料，以进行交叉检验。一手资料用于寻找编码条目和进行编码关联分析，二手数据作为事实证据，二者结合能够提高研究结论的效度。

一手资料收集以现场访谈、实地考察和参与座谈为主，并对被访者进行标记。例如，西安版权的企业代码为 WT，5 位高层管理者分别被标记为 WT01 至 WT05。在数据采集过程中，访谈多位了解内情、拥有不同视角和经验的管理人员以限制受访偏差。同时，采用半结构化的访谈和提问方式，以确保较为充分地反映受访者的真实想法。相关二手资料包括网站信息、新闻、报道，以及企业内部报刊、会议文件、领导撰写的文章、会议记录等文字数据。经过两个月的资料收集，整理和提炼资料近 6 万字。实地调研时间及内容如表 4-3 所示。

表4-3 实地调研时间及内容

代码	调研内容及时间
WT	实地调研15天。访谈董事长2次，共2小时。访谈总经理、各部门（包括法务部、影视运营部、大数据部、互动娱乐部）经理9次，共计13小时
WZ	实地调研4天。访谈副总经理2次，共3小时。访谈品牌营销部门负责人及内容创作成员各1次，共计2小时。听了企业发展介绍、品牌推广介绍，参观"秦亲宝贝"等IP产品和技术服务平台
RY	实地调研3天。访谈党委副书记1次，共计2小时。走访下属子公司，访谈党总支书记2次，共3小时。访谈艺术剧院编创室负责人1次，共1个小时
YZ	实地调研2天。访谈副总经理1次，共2小时。访谈知识产权部门负责人及业务成员各1次，共4小时
FN	实地调研2天。访谈董事长1次，共2小时。访谈动漫设计人员2人各1次，共2小时
JD	实地调研2天。访谈副总编辑2次，共3小时。访谈编辑3人各1次，共2小时
YH	实地调研2天。访谈副总经理1次，共2小时。访谈战略部负责人2次，共2小时
HX	实地调研2天。访谈总经理1次，共1小时。访谈行政管理部门负责人及旅游产品研发人员2人，共计2小时。参观文创陈列展厅，了解旅游产品研发、制作和营销情况
RB	实地调研2天。访谈产业处副处长1次，共1.5小时。访谈以日报为主体运营机构的文化创意产业园行政管理人员及下属互联科技有限公司负责人各1次，共2小时。访谈了一家传媒企业，了解数字转型中新闻出版行业的知识产权工作情况
FT	实地调研2天。访谈知识产权业务负责人及行政管理人员各1次，并与相关合作企业负责人访谈1次，共计2.5小时
ZT	实地调研3天。访谈人事部门负责人2次，访谈创意设计人员2人各1次，共4小时，并参观了展厅陈列，了解了3D打印技术
WH	实地调研2天。访谈董事长1次，共3小时。访谈营销业务部门成员2人，共1小时。访谈技术开发人员1人，共1小时

4. 数据编码

本书依据知识产权能力影响因素理论模型设定编码变量和探寻相应的文本条目，共包括资源层面因素、能力层面因素和外部环境层面因素。同时，为了寻求影响因素与知识产权能力之间的因果关系，需要定义知识产权能力的编码变量。根据文化创意企业知识产权能力的构成，本书从知识产权创造能力、保护能力、运用能力、管理能力四个维度形成编码变量。

本书通过专业定性分析软件 Atlas. ti 辅助编码，具体操作分为两步。

首先，从 Atlas. ti 中的"文件"（File）一栏下导入整理好的文本，在"搜索"（Search Project）一栏下分别搜索与 12 个影响因素及知识产权能力相关的关键词，并将关键词所在的句子或段落加以标注，形成"Quotation"编码条目。为了保证编码设置的可重复性和规范性，分别由两名参与调研的研究生独立操作。首次编码结束后，对两名研究生的编码进行对比以保留一致之处。同时，围绕存在差异的条目展开讨论以达成一致意见，若无共识则将该编码条目视为无效并予以剔除，由此查询和获得 835 个编码条目。其次，通读所有文本进行查漏补缺。两名研究生对初步完成的编码条目及所属归类逐一进行细致的审读，确保找出的编码条目与归属变量之间存在明显的指向性事实。对不一致之处加以讨论和整理，形成统一意见。特别地，在编码查阅过程中，对于不同访问者提及的某些重复内容给予保留。原因在于，编码条目被提及的频数越大，所表征的内容越具有普适性（黄晓斌等，2014）。最终，删除 42 个存在差异且无法达成共识的条目，获得 793 个有效条目。

5. 编码关联性分析

运用 Atlas. ti 软件中"分析"（Analyze）一栏的关系查询工具（Query Tool），明确各编码变量与知识产权能力之间的关系。其中，Query Tool 的查询功能能够识别诸多编码条目之间的临近关联性，主要划分为三大类关系：嵌套关系、重叠关系和顺序关系。通过编码条目的关系分析，获得各影响因素与知识产权能力的上级编码关系数，分别由下级编码条目关系的总和计算得出（如表 4 - 4 所示）。

表 4 - 4　影响因素与知识产权能力间的关系

上级编码一	上级编码二	包含	被包含	被重	重叠	后于	先于	总数
创意研发人才		0	28	10	0	1	4	43
创新投入	知识产权能力	0	24	6	2	3	3	38
高管的知识产权素质		0	19	5	0	1	2	27
关系网络		3	23	8	4	3	0	41

上级编码一	上级编码二	包含	被包含	被重	重叠	后于	先于	总数
组织学习能力		4	26	3	0	0	3	36
平台能力		2	17	8	3	0	14	44
体验营销能力		3	14	7	4	5	0	33
外部知识产权保护	知识产权能力	2	12	4	1	2	4	25
政府支持		3	10	6	3	0	2	24
金融发展		1	5	3	4	0	2	15
文化地理禀赋		4	16	6	0	0	0	26

（三）基本发现与研究命题

本书围绕资源层面因素、能力层面因素和外部环境层面因素对文化创意企业知识产权能力的影响进行分析，发现三个层面、11 个因素共 30 个维度得到数据支持（如表 4 – 5 所示）。

1. 资源层面因素

在企业资源层面，创意研发人才、高管的知识产权素质、创新投入和关系网络均得到支持。其中，创意研发人才与知识产权能力的关系中共有 33 个因果关系，反映出创意研发人才对知识产权能力的正向影响。多家企业的二手资料也印证了创意研发人才的作用。例如，YZ 的二手资料显示，2016 年全体员工学历均为本科及以上，其中创意研发人员数量较 2013 年增长 215%，业界领军人物占全体员工数量的 6%，并且企业配置了知识产权运营人才和法务人才。目前，企业拥有 31 个专利、2 个商标和 9 项软件著作权，知识产权产品占据了一定的市场份额，新产品利润比 2015 年增长近 30%。再如，RY 拥有一大批如冯建学、赵季平、李东风、王丽奇、冯琦等艺术家，担负起大型剧目、精品剧目的创作、编剧、导演、作曲、作词、指挥等工作，打造了精品剧目和陕西演艺新名片。

高管的知识产权素质与知识产权能力的关系中有 21 个因果关系，其中保护意识、实务经验和管理理念分别占 11 个、6 个和 4 个，表明高管的知识产权保护意识对知识产权能力的影响最大。WH、WT、YZ、ZT 等企业都通过知识产权前端申请有效避免了无形资产流失或产权纠纷。高管的实务经验对知识产权能力建设也有积极的作用。例如，JD 的总编具有三年法律专业的学习背景，注重知识产权相关业务培训。再如，WT 的董事长是法学博士出身并且直接分管法务部，据该企业员工反映，"董事长对知识产权实务、维权以及整个流程都很熟悉，可以给予我们切实的指导，避免许多权利被签走"。在管理理念方面，WZ 的高管基于 6 年来的知识产权实践经验提出了精细化管理理念，注重预先评估、科学投资、成本控制、法权保障等，有效推动了企业近年来知识产权运营账款的合法收回。

创新投入与知识产权能力的关系中共有 26 个因果关系。其中，创意研发投入和市场营销投入分别占 15 个和 11 个，表明创意研发投入和市场营销投入均对知识产权能力有正向影响。在创意研发投入方面，ZT、FN、WZ 等企业的创意研发投入比重常年保持较高水平，知识产权产出数量和质量也高于地区同行企业。例如，FN 的创意研发投入比重近几年均在 60% 以上，扣除成本以外几乎所有资金都投入了下一轮创作和授权之中。正因多年来专注于原创，FN 的多项作品在国内乃至德国、法国、英国等都拿过奖，10 多个知识产权入选行业标准。在营销投入方面，几乎所有的企业都强调市场推广对知识产权产品商业化的重要性。例如，WZ 主要通过增加主流媒体曝光度、加强新媒体平台推送、参加展会等方式积极进行市场开拓和知识产权产品宣传。目前，企业主打产品"秦亲宝贝"在省内已经有一定市场和知名度，获得多家企业的授权邀约，同时企业积极推动品牌向省外、海外输出。

关系网络与知识产权能力的关系中有 31 个因果关系。从具体包含项来看，政治关系、商业关系和中介服务关系分别占 12 个、14 个和 5 个。二手资料也表明，上述三个维度对知识产权能力建设有着积极的影响。在政治关系方面，YH、HX、WT、WZ、FN 等企业均与政府保持着长期合作关系，更易获得知识产权开发先机或资源优势。譬如，HX 在政企合作方面的优势是其获得陕西省博物馆文物品复制开发授权的重要原因。再如，YH 在政府的大力倡导和支持下实施数字转型，解决原创内容的知识产权问题，避免同质化竞争，提升内容服务质量。在商业关系方面，企业普遍通过拓展商业渠道来推动知识产权运营，这成为企业构建商业关系的主要原因。例如，RY 为了保障《白鹿原》剧目长期驻场演出，与省广电 98.8、50 多家西安旅行社以及北京阿塔公司合作，引导外地游客观看陕西话剧，进行市场化运营。其中，省广电 98.8 负责媒体宣传，阿塔公司负责运营，旅行社负责客源。再如，WZ 与新华网合作，借助新华网的知名度和营销渠道，获得了一批大客户主动找企业谈授权的机会。在中介服务关系方面，WT、JD 等企业与中介服务方保持着良好关系，这有助于缓解企业与授权方或发行方的语言沟通压力，降低知识产权交易和境外输出的难度。

2. 能力层面因素

在能力层面，组织学习能力、平台能力和体验营销能力对文化创意企业知识产权能力的积极作用均得到支持。其中，组织学习能力与知识产权能力的关系中共有 32 个因果关系，探索学习、内化学习及开发学习分别占 14 个、6 个和 12 个。在探索学习方面，不少企业都谈到"学习新知识和技术"（YZ01）、"开放摸索"（ZT02）及"不断学习和创新"（WH02）对增加自主知识产权创造和资源积累的重要性。例如，ZT 鼓励员工参加创意大赛、海峡两岸交流、博览会、高科技展览会等，积极学习新的设计理念和技术应用，并在第一时间进行知识产权申请。WH 的技术研发人员则主要通过学术交流、项目参与等方式丰富自身的知识。内化学习对知识产权能力的影响主要表现在不断完善知识产权管理流程和制度设置，促进企业更好地保护知识产权成果和加强协同运作。例如，YZ 在参与全国知识产权贯标培训之后，保护核心技术的意识得到加强，建立了一套更加明晰的知识产权管理规范和条例，更加注重知识产权全面布局和科学衔接。再如，JD 开展了小范围的知识产权研讨会，70 多个专职编辑进行了著作权及相关业务的学习。在开发学习方面，YH、FT、RB、RY 等企业都注重挖掘知识产权的市场价值和变现空间，善于利用商业渠道、信息数据和客户反馈等获取有关转化策略、市场营销的想法，提高知识产权运营绩效。例如，FT 通过电视游戏客户服务端采集家庭用户的使用信息并进行数据化分析，如产品游戏客户喜欢玩的部分、通关速度、游戏时间、在线人数等，从而不断改进产品、优化界面和进行人性化设置，提升知识产权质量。再如，RY 经历转企改制之后，积极向营销推广企业学习策划点子和运营想法，促进剧目演出的市场化操作。

平台能力与知识产权能力的关系中共有 30 个因果关系，其中受众连接、交易服务、资源集聚和商业成员参与分别占 14 个、3 个、8 个和 5 个。在受众连接方面，ZT、WH、WZ 等企业通过平台构建都已拥有稳定的用户社群和关注度，能够及时抓取消费者的服务需求进行产品推介和信息精准推送，营销新产品，获取人气和流量。在交易服务方面，ZT 为原创设计师和供应商搭建了垂直电商平台，主要开展知识产权在线采购和交易、跨业务融合、信息发布和客户私人定制等。通过平台形式将创意变成产品，并为设计师提供厂商资源，也向厂商推送设计师的信息，降低了互动的成本，减少了营销的中间环节。在资源集聚方面，WT、WH、RB、ZT 和 WZ 等企业注重基于新媒体、互联网技术平台实现数据采集与信息传递。例如，WT 打造了影视大数据平台，汇集影视行业最新信息、视频片段赏析、演员行情分析等，为影视创作者提供专门的资源查询与搜索引擎，提升了影视剧本创作效率和知识产权运营评估水平。在商业成员参与方面，RB 通过"知秦"App、"秦天下"等平台提供服务，吸引了多家基金公司入股，促进了业务多元化和知识产权跨地域共享。

体验营销能力与知识产权能力的关系中共有 25 个因果关系，其中感官美学体验、信息及情感互动性、人性化与个性化、体验感受延续性分别占 12 个、6 个、4 个和 3 个。在感官美学体验方面，YZ、RY、FN、WZ、ZT 等企业在产品设计和服务体验中均强调感官吸引的重要性。例如，YZ 在开发文物虚拟产品的过程中，注重运用 3D 技术实现动态呈现和游戏互动，带给消费者更好的视觉体验，吸引了更多消费者前来欣赏。在信息及情感互动性方面，WT、RY、WZ、FT 等企业在知识产权产品（服务）的市场销售过程中充分考虑了信息及情感互动性。例如，RY 成立了话剧会员中心，邀请会员观众参与剧目台前、幕后制作，与演员"零距离"互动交流，并通过微信平台广泛征集观众意见，获取现场演出的反馈信息，不断加强剧情内容的时代性和呈现手法的独特性以符合消费者的观赏需求，保障剧目创作能够立得住、接得住。在人性化与个性化方面，ZT 通过对太白山、敦煌、山海关等景区特色文化元素的分析和提炼，从场景空间设计、旅游衍生品开发、互动活动、数字化品牌营销等方面，将景区专有文化和品牌经营理念以多重视角推向顾客，激发消费者对地区特色文化的认同，帮助消费者获得对特色文化的个性化体验，在旅游产品销售上取得了较好的业绩。在体验感受延续性方面，FN 以世界第八大奇迹兵马俑为题材创作了动漫商品《缤纷西安》，引导年轻人探寻和回味博大精深的文化内容，获得了良好口碑。

3. 外部环境层面因素

外部知识产权保护、政府支持、金融发展、文化地理禀赋对文化创意企业知识产权能力的重要性均得到实践支持。外部知识产权保护与知识产权能力的关系中共有 21 个因果关系，立法保护、行政保护和司法保护分别占 5 个、13 个和 3 个。在立法保护方面，WT03 指出，"单纯依靠企业打击侵权盗版是不现实的，毕竟大部分销售是通过网络渠道，不可能一点一点追踪。最终还是要依赖当前的立法环境，通过明确的法律条文强化知识产权意识"。在行政保护方面，WT、WZ、YH、FT 等企业均与各个地方执法部门保持着长久的合作，表示近年来行政执法力度逐年加大，增加了企业正版产品的市场销量。在司法保护方面，WT 开展了司法维权并胜诉，保障了知识创造的合法权益。

政府支持与知识产权能力的关系中共有 17 个因果关系。ZT 与快速制造（3D 打印）国家工程中心合作，构建了 3D 打印数据运营一体化平台，提升了多类产品快速出品能力，加快了知识产权交易。近年来，RY 的剧目创作和商业运营受益于"国家政策好、项目多、专项活动多"（YY03）。JD 七年来一直得到国家出版基金、国家社会科学基金、国家自然科学基金及出版业的政策扶持和资助，通过经典中国、丝路书香等工程，扩大了图书的海外输出规模。

金融发展与知识产权能力的关系中共有 13 个因果关系，放贷政策、金融信贷和金融市场分别占 3 个、4 个和 6 个，说明地区金融发展在一定程度上促进了企业知识产权能力的提升。例如，FT、WT、YH、WZ 等企业在访谈中指出，由于文化创意企业本身没有大型可质押的土地和设备，地区金融行业和投资公司必须从过去固定资产质押的思想中解放出来。

　　文化地理禀赋与知识产权能力的关系中共有 23 个因果关系。其中，历史文化资源、地理品牌形象和地理优势分别占 14 个、6 个和 3 个。从历史文化资源来看，多家访谈企业均能够依托陕西特色历史文化题材进行挖掘、筛选、提炼和创意加工，同时借助著名旅游景区和园区的背景故事和人气流量进行 IP 宣传和销售，如 RY 推出了《白鹿原》的话剧版本、YH 推出了动画纪录片《帝陵》等。在地理品牌形象方面，ZT、WZ、FN 等企业找到了地理形象的特有属性和文化符号进行元素挖掘和新产品打造。在地理优势方面，多家企业受益于陕西省在"一带一路"中所占据的重要位置。RY 根据丝绸之路的重要地理优势创作了杂技《丝路彩虹》，发展前景较好。

　　本书选择了知识产权能力建设方面有成功实践的西安版权、新华出版、维真视界等 12 家企业作为案例研究对象，运用质性分析方法并辅以事实证据，对影响知识产权能力的三个层面 11 个因素进行了较为系统的分析和研究，均在实践层面得到支持（见表 4 - 5）。由此提出以下研究命题。

　　命题 1：资源对文化创意企业的知识产权能力存在积极影响，主要包括创意研发人才、高管的知识产权素质、创新投入和关系网络。

　　命题 2：能力对文化创意企业的知识产权能力存在积极影响，主要包括组织学习能力、平台能力和体验营销能力。

　　命题 3：外部环境对文化创意企业的知识产权能力存在积极影响，主要包括外部知识产权保护、政府支持、金融发展和文化地理禀赋。

表 4 - 5　知识产权能力影响因素的质性分析列示

层面	影响因素	观测维度	支持与否
资源层面	创意研发人才	创意研发人才	√
	高管的知识产权素质	保护意识	√
		实务经验	√
		管理理念	√
	创新投入	创意研发投入	√
		市场营销投入	√

续表

层面	影响因素	观测维度	支持与否
资源层面	关系网络	政治关系	√
		商业关系	√
		中介服务关系	√
能力层面	组织学习能力	探索学习	√
		内化学习	√
		开发学习	√
	平台能力	受众连接	√
		交易服务	√
		资源集聚	√
		商业成员参与	√
	体验营销能力	感官美学体验	√
		信息及情感互动性	√
		人性化与个性化	√
		体验感受延续性	√
外部环境层面	外部知识产权保护	立法保护	√
		司法保护	√
		行政保护	√
	政府支持	政府支持	√
	金融发展	放贷政策	√
		金融信贷	√
		金融市场	√
	文化地理禀赋	历史文化资源	√
		地区品牌形象	√
		地理优势	√

二 基于多元回归的影响因素实证研究

接下来，对上述研究命题进行逐一解析，运用多元回归分析方法展开更大规模的实证研究，进一步检验理论框架的普适性，并且定量刻画各层面因素对文化创意企业知识产权能力的作用。

（一）研究假设

1. 资源层面

研究表明，企业拥有的资源越丰富，对知识产权市场化提供的创新支撑和物质支持越多（Furukawa, Y., 2007），越容易拥有规模品牌和强势品牌，知识产权能力也越强。其中，资源层面的因素主要包括创意研发人才、高管的知识产权素质、创新投入和关系网络。具体而言，创意研发人才和高管的知识产权素质属于人力资源，创新投入属于物力资源，而关系网络属于组织资源。

（1）创意研发人才

在人力资源中，创意研发人才是文化创意企业长期积累形成的、能够实现超额垄断利润的独特资源，是创意生成、技术进步和知识产权创造的核心要素（Furukawa, Y., 2007；Nelson, R. et al., 1966）。金元浦（2016）认为，创意研发人才不仅代表着企业的创意品味和独到的观察，也关系着企业的原创能力和技术水平。可见，创意研发人才对知识产权能力有重要影响。一方面，有助于激发企业的创意潜力和加速创意商业化（Greg, H. et al., 2004）；另一方面，能够提升知识产权产品的技术含量，从根本上为知识增值和创意资本扩张提供激励条件（胡晓鹏，2006）。因此，创意研发人才在很大程度上决定了企业知识产权的投入产出和创新的可持续发展空间，体现了知识产权能力。

H1：创意研发人才对文化创意企业的知识产权能力具有正向促进作用。

（2）高管的知识产权素质

高管在人力资源中占据重要位置，这一推断源自高阶梯队理论（Upper Echelons Theory）。该理论认为，高管特征对企业的创新行为及效果具有显著的影响（杨国忠等，2016）。不少学者从政治背景、学历、社会资本、知识结构等方面揭示了高管特征对企业创新的积极作用。但是，少有文献关注高管的知识产权素质的重要作用。事实上，随着文化创意企业逐步做大做强，知识产权竞争逐渐向一体化及复杂化方向发展，仅凭企业家个人能力往往难以驾驭知识产权工作，因而高管的知识产权素质日益得到重视。

高管的知识产权素质对文化创意企业知识产权能力的影响主要表现在保护意识、实务经验与管理理念三方面。首先，高管的知识产权保护意识能够提升全员对知识产权作用的重视，促进企业不断完善知识产权规范，营造良好的知识产权保护氛围，推动企业创新及知识产权产出。其次，高管所具有的知识产权知识和丰富的实务经验，能够有效减少或避免无形资产流失造成的损失。最后，高管先进的知识产权管理理念和科学的战略布局，能够快速、高效地完善企业知识产权管理制度和流程设置，促进知识产权及相关资源的优化配置，对知识产权能力发挥产生积极的推动作用。

H2：高管的知识产权素质对文化创意企业的知识产权能力具有正向促进作用。

（3）创新投入

Trajtenberg（1990）、Cohen 等（1989）研究发现，创新投入不仅激发了技术革新的潜力，而且对于理解、评估和整合新知识也起到至关重要的作用。鉴于知识产权产出一直被视为企业创新的关键衡量指标，诸多学者开始关注创新投入对企业知识产权行为的影响。大量研究表明，增加创新投入能够明显提高企业的知识产权创造水平（Henderson，R. et al.，1994），也显著影响着知识产权许可量和运营收入，进而提升知识产权能力（陈伟等，2007）。

具体到文化创意企业，其知识产权能力发展也依赖大量的创新投入。事实上，由于文化创意企业的知识产权活动往往与生产、服务、传递过程不可分离（魏江等，2015），创新资金的耗费巨大，不仅包含人力成本、创意项目启动成本、技术试验成本和策划制作成本，还涵盖从知识产权申请、确权到后期市场营销在内的诸多费用。因此，文化创意企业知识产权能力的发展有赖于巨大的创意研发投入和市场营销投入，创新投入与知识产权能力发展息息相关。

H3：创新投入对文化创意企业的知识产权能力具有正向促进作用。

（4）关系网络

社会网络理论认为，作为正式制度的替代机制和非市场力量（Peng，

M. et al. , 2000), 关系网络主要表现为企业与商业组织、中介服务方和政府部门等的关系 (刘万利等, 2010; 李雪灵等, 2011)。

在政治关系方面, 良好的政企合作关系有助于企业获得更多的财政资助和信息 (杨向阳等, 2016), 从而主动掌握市场话语权和稀缺资源配置权 (Peng, M. et al. , 2000), 弥补市场机制和法律制度的缺陷, 以实现创新引领。在商业关系和中介服务关系方面, 由于文化创意企业的知识产权活动具有很强的横纵向业务关联性, 企业与供应商、客户、合作伙伴、服务商、中介机构等市场主体之间的关系, 能够为知识产权合作与交流提供更为广阔的接触面, 从而形成更发达的产权交易体系。同时, 异质性成员的参与也增强了创新创意 "活性", 能够进一步加强知识产权的产品推广和服务设计, 激励创意资本转化。此外, 文化创意企业存在轻资产的特性, 往往很难满足传统市场借贷融资的有形抵押条件, 凭借商业关系和中介服务关系, 其能够得到更为广泛的投融资途径, 并以创新共筹、合作共享、风险共担的方式降低知识产权运作成本和风险。综上所述, 关系网络对于知识产权能力的培育和发展具有重要的推动作用。

H4: 关系网络对文化创意企业的知识产权能力具有正向促进作用。

2. 能力层面

(1) 组织学习能力

文化创意企业的知识产权能力与创意获取、使用、转移、整合等密切相关, 其本质是知识的积累。因此, 与知识产权相关的制度学习、知识积累、创意模仿和实务操作对文化创意企业知识产权能力的发展尤为重要, 是克服知识产权能力 "核心刚性" 和获取可持续知识产权优势的基础。组织学习理论认为, 组织学习是企业能力发展的重要途径, 能够通过增加知识存量、增强创造性和适应动态制度环境等对能力产生积极的影响。

在知识产权创造过程中, 组织学习能够促进创意研发人才的发散性思考和多元化知识存储, 发现新视角、找到新策划方式并解决技术问题, 增加知识产权资源积累。在知识产权保护与管理过程中, 组织学习有助于企业内化和实践知识产权制度, 以适应不断趋严的法制环境和日益复杂的知识产权竞争 (Palfrey, J. G. , 2012)。企业应及时反思、修正和完善知识产权保护策略，调整相关管理组织结构和制度建设，保持知识产权战略导向和行为规范与现行知识产权制度要求相适应。李伟（2010）通过对知识产权示范企业的实证研究发现，组织学习能够有效提升企业的知识产权管理水平。在知识产权运用过程中，组织学习主要是以知识产权市场开发学习为主。企业不仅需要在创意包装、产品设计、宣传营销、服务优化和消费数据反馈等方面积累知识和经验，还要跨越各种边界吸收、整合创意营销的点子和想法以实现知识产权商业化。同时，企业应不断学习知识产权法务知识，保障知识产权的合法运作。综上所述，组织学习能力能够通过探索学习、内化学习和开发学习对文化创意企业的知识产权能力产生积极的推动作用。

H5：组织学习能力对文化创意企业的知识产权能力具有正向促进作用。

（2）平台能力

互联网时代下新媒体、新技术的涌现正在对文化创意企业的知识产权活动产生深刻的影响。其中，最为显著的改变是企业的平台化转型。随着以流量吸引和互动传播为主的创新扩散方式发展为潮流，建设内容（技术）平台成为文化创意企业"触媒"的主流商业模式（张小宁等，2015；李晓方，2015）。所谓建设内容（技术）平台，实质上是打造一个吸引和掌握着海量流量、大范围闲置资源和更广阔社交空间的开放场域（喻国明等，2015）。一些学者进一步研究了平台的特点及功能，主要表现在庞大的用户基数、高效的传播交易、资源的集聚和多方商业参与等方面（雷蔚真等，2012），在文化创意企业的知识产权能力发展中发挥着重要作用。

在受众连接方面，拥有强大的平台能力有助于文化创意企业充分利用互联网的外部性经济，发挥网络效应，获取更多的连接红利（罗珉等，2015）。在交易服务方面，拥有平台能力的企业能够利用互联网的信息节点群，构建新型、低成本、高效率、跨时空和跨地域的知识产权复制、交易与分配方式，从而降低信息的不对称性、减少中间环节和获得广泛的市场信息，提升知识产权决策的有效性和运作效率。在资源集聚方面，拥有平台能力的企业能够发现、检索、匹配和整合各类潜在的创意、信息和闲置资金等，形成内容资源库、技术智囊团、众筹资金场所，带来知识产权规模经济或范围经济，获得更多的"熊彼特租金"。在商业成员参与方面，拥有平台能力的企业能够快速聚集供给资源和获取市场需求动态，最大限度地扩展知识产权边界（李晓方，2015），增强产品的互补性和融通性，由此吸引和集结新的商业合作者和营销渠道成员，扩大知识产权运营规模和业务范围，甚至超越传统市场边界进行跨界经营，发挥长尾效应。综上所述，平台能力能够通过受众连接、交易服务、资源集聚和商业成员参与促进文化创意企业的知识产权能力发展。

H6：平台能力对文化创意企业的知识产权能力具有正向促进作用。

（3）体验营销能力

由于文化创意企业的知识产权产品（服务）蕴含大量具象的、生动的、具有娱乐性的设计情感和创意元素，体现在文化消费、创意体验的独特方式之中，因此，知识产权产品（服务）的市场化有赖于文化创意企业通过体验营销活动促使消费者让渡使用价值或者参与价值共创过程。正因如此，文化创意企业通常也被称为体验型企业。可见，体验营销能力既是文化创意企业进行知识产权市场推广的核心支撑，也是价值增值的重要基础。研究表明，体验营销以感官美学体验、信息及情感互动性、人性化与个性化、体验感受延续性为主要特征（杨学成等，2016）。基于这一论述，本书接下来从以上四个方面来阐释体验营销能力对文化创意企业知识产权能力的影响。

在感官美学体验方面，具有体验营销能力的企业能够营造出富有感官刺激性和审美价值的情境（贺和平等，2010），满足消费者的体验需求，提升知识产权产品（服务）的使用价值（Zhang, H. et al., 2015）。在信息及情感互动性方面，具有体验营销能力的企业能够帮助消费者获得情感信息，在互动过程中生成新的解决方案，从而增加消费者的知识积累。在人性化与个性化方面，具有体验营销能力的企业注重消费者偏好的多样性，与消费者的互动交流更丰富多元，知识产权蕴含的内容要素、技术呈现方式更加贴近个人生活和个体情感体验，能够增强消费者黏性，促进其对企业及相关产品的了解（Branstetter, L. et al., 2011）。在体验感受延续性方面，具有体验营销能力的企业能满足消费者的个人兴趣、创作愿望、利他成就感及业务回报需求等，能进一步激发消费者投入更多精力和创造性参与到营销活动之中，并与企业产生更为紧密的情感联系，持续关注产品和服务以促进价值增长。综上所述，体验营销能力能够通过感官美学体验、信息及情感互动性、人性化与个性化、体验感受延续性提升知识产权能力。

H7：体验营销能力对文化创意企业的知识产权能力具有正向促进作用。

3. 外部环境层面

外部环境层面的因素主要包括外部知识产权保护、政府支持、金融发展和文化地理禀赋四个。

（1）外部知识产权保护

在知识产权创造、扩散、转化和再创新的循环过程中，外部知识产权保护发挥着重要作用。现有研究主要从知识产权立法的完备程度、行政执法水平和司法保护方面衡量外部知识产权保护对企业知识产权能力的影响（韩玉雄等，2005；许春明等，2008；沈国兵等，2009）。

部分学者认为，外部知识产权保护能够抑制盗版和消费者购买仿冒产品，赋予企业创新收益垄断权（Claessens, S. et al., 2003）。同时，外部知识产权保护有助于缓解金融市场的信息不对称（Wu, Y. et al., 2007），促进企业无形资产评估与商业化，进而促进企业持续创新和知识产权再生转化（Barro, R., 1991）。池仁勇等（2016）通过对 103 家上市企业的实证研究表明，外部知识产权保护程度越高，企业的知识产权能力越强。然而，持"抑制论"的研究表明，创意分享与宽容氛围对企业创意活动和知识产权创造更为有效（Erik, B. et al., 1999；董雪兵等，2006）。过强的外部知识产权保护将导致市场领先者缺乏创新动力，同时提高了企业创新成本（Shapiro, C., 2001）和降低了知识产权预期收益率（Ginarte, J. et al., 1997）。还有学者认为外部知识产权保护与创新之间存在倒 U 形关系（Gangopadhyay, K. et al., 2012），保护力度适中才能有效促进知识产权产出。鉴于目前市场上存在大量的侵权、仿冒、造假等事件，而知识产权制度实施才刚刚起步（刘思明等，2015），加强外部知识产权保护能够提升文化创意企业的知识产权能力。

H8：外部知识产权保护对文化创意企业的知识产权能力具有正向促进作用。

（2）政府支持

文化创意产品和服务具有很高的社会效益和很强的公共产品特性，政府支持成为宏观调控市场、纠正外部性、激励企业创新投入的常态化手段（熊维勤，2011），并对知识产权创造产生了正向的影响（林洲钰等，2015）。同时，政府支持缓解了企业知识产权运作的融资约束，提高了知识产权的商业化回报，显著提升了企业的声誉和信用等级（Hausman，J. A. et al.，1984）。然而，另一部分学者则认为，政府支持实质上是对企业创新投入的替代，减少了企业的创新投资行为，难以真正促进企业的知识产权行为。尽管学界尚未形成定论，但是多数学者对政府支持的积极影响持肯定态度（杨晶等，2014）。具体到文化创意企业，一些学者证实了政府支持在文化创意企业知识产权活动中发挥显著的正向影响（李义杰等，2016）。因此，本书认为政府支持能够促进文化创意企业知识产权能力的提升。

H9：政府支持对文化创意企业的知识产权能力具有正向促进作用。

（3）金融发展

熊彼特的创新理论认为，金融发展通过增加投资、促进技术进步推动企业自主创新和经济增长。基于此，现有研究从放贷政策、金融信贷和金融市场三个方面分析了金融发展对企业创新产出的影响。结果表明，金融发展能够有效缓解信息不对称、控制创新风险和降低监督成本，进而对企业知识产权创造发挥正向影响（杨晶等，2014；张杰等，2017）。这一影响在高融资需求的企业中表现得更为显著（贾俊生等，2017）。特别地，由于文化创意企业属于轻资产、高投入和高融资约束的行业，其知识产权能力的发展对金融要素和资本流通的依赖程度更高。因此，金融发展也是文化创意企业知识产权能力的重要影响因素，主要表现在以下三个方面。

首先，完善的放贷政策能够引导资金流向企业，有效地分散金融要素的流动风险，增强企业知识产权质押和投资的市场吸引力（King, R. G. et al.，1993）。其次，良好的金融信贷能够通过契约履行、银行信用评定等方式降低知识产权代理成本和道德监督成本，并依靠丰富的风险管理工具、完善的风险规避机制，促使企业以较低的融资成本获得较大的融资规模，有效缓解知识产权运营面临的融资约束问题。最后，成熟的金融市场能够对企业知识产权资源及融资项目进行价值甄别和合理评估（Levine，R.，1991；Bencivenga，V. B. et al.，1995），降低道德风险，减少逆向选择，减少创新资源的错配（Chowdhury，R. H. et al.，2012），从而提高企业的知识产权运作效率。同时，通过多元化的资金来源（如民间资本众筹、知识产权证券）保障企业知识产权市场化顺利实施。

H10：金融发展对文化创意企业的知识产权能力具有正向促进作用。

（4）文化地理禀赋

学界普遍认为，文化创意企业的知识产权创造、运用等活动是在传统的地理、历史、文化基础上开展的经营实践（Rumelt，R. P.，1991）。文化地理禀赋能够通过富有文化内涵的内容素材、独具特色的符号形象和得天独厚的地理优势，促进文化创意企业知识产权能力的持续提升。

首先，文化地理禀赋为企业提供了丰富的创作灵感，促使企业提炼地理文化要素和创意符号，以内容、商标、广告、演艺和影视作品等方式为产品（服务）寻找"新生产空间"，赋予其更多的纪念意义和文化内核，提升市场溢价和衍生开发潜力（刘思明等，2015）。其次，文化地理禀赋以其特定的符号功能、独家信誉和广泛的社会效应，为企业带来了高附加值，有助于企业形成强势品牌和市场竞争力。最后，文化地理禀赋还有助于企业知识产权产品（服务）的营销，引导消费者的选择偏向和购买行为，促进知识产权价值迅速转化和增值。因此，文化地理禀赋对企业知识产权能力有着积极的推动作用。

H11：文化地理禀赋对文化创意企业的知识产权能力具有正向促进作用。

（二）实证设计

1. 样本选择和数据收集

在实证研究中，本书选取参与知识产权能力测度调研的百家企业为样本进行影响因素分析，样本企业的特征分布情况如第三章表 3 - 10 所示，在此不再赘述。数据信息通过问卷调查进行采集，内容设计包括以下三部分：一是基本信息，主要包括企业名称、主营业务、成立年限、员工规模、总资产及企业性质；二是可直接量化的变量数据，涉及创意研发人才、创新投入、政府支持3个变量；三是运用李克特五级量表测量的变量数据，涉及高管的知识产权素质、关系网络、组织学习能力、平台能力、体验营销能力、文化地理禀赋、外部知识产权保护、金融发展8个变量。此外，为了避免同源偏差并保证问卷填写质量，采取员工与高层管理者分开填写的方式进行数据采集，即创意研发人才、组织学习能力、平台能力、体验营销能力、文化地理禀赋、外部知识产权保护6个变量的相关信息由员工填写，高管的知识产权素质、创新投入、政府支持、关系网络、金融发展5个变量的相关信息交由财务部门及知识产权工作相关负责人填写。

2. 变量测量

关于创意研发人才，本书将创意研发人才占企业员工总数的比重作为创意研发人才的衡量指标。关于创新投入，已有文献多数以研发支出占主营业务收入的比重来表示创新投入。考虑到文化创意企业的创新活动融入生产经营的全过程之中，本书以研发投入和营销投入总和占主营业务收入的比重来衡量创新投入，能够更为全面、客观地反映文化创意企业的创新投入现状。关于政府支持，本书以政府补助占主营业务收入的比重来衡量政府支持。

高管的知识产权素质、关系网络、组织学习能力、平台能力、体验营销能力、文化地理禀赋、外部知识产权保护和金融发展8个变量属于间接观测的变量，以李克特五级量表形式进行测量。在量表设计的效度检验方面，上述变量的题项设计是在参照国内外文献的基础上，结合文化创意企业知识产权工作的实际情况整理而得。同时，邀请了文化产业管理专家、企业知识产权管理者等对变量题项进行审议和修正，并对5家企业进行了问卷试访。根据企业反馈意见再次修正题项设计和条目表述，最终得到了26个内容表达清晰的条目（如表4-6所示），形成了正式问卷，保证问卷具有良好的内容效度。

表 4 - 6　部分变量操作化定义

变量	题项
高管的知识产权素质	本企业高层具有很强的知识产权保护意识，努力确保全员了解知识产权工作的重要性
	本企业高层具有丰富的知识产权知识和实务经验，能科学决策并及时有效地防范侵权和突发风险
	本企业高层注重引进先进的管理理念，愿意将核心的资源和人才投入到知识产权工作中
关系网络	本企业与各级政府部门保持密切交流和合作，能够及时有效地获得必要的帮助和支持
	本企业与同行企业、供应商、营销商、客户、金融方、媒体方等保持密切交流和合作，实现资源互补、渠道共享、资金融通等
	本企业与国家（地区）中介机构保持密切交流和合作，能够及时有效地获得知识产权相关服务
组织学习能力	本企业能够快速辨别、收集新的信息，获取新知识、新技术和新创意
	本企业注重知识产权制度、管理经验、保护策略、维权手段等方面的学习，勤于反思，不断完善，使知识产权工作融入企业文化、业务和管理流程之中
	本企业积极学习与知识产权产品销售、服务体验、内容策划相关的运营经验和先进做法，集思广益，开拓市场化运作思路
平台能力	本企业的内容（技术）平台能够快速连接用户群体，降低搜索成本和减少营销中间环节
	本企业的内容（技术）平台能够促进资源挑选和聚合，实现知识产权自主研发、孵化和反向定制
	本企业的内容（技术）平台能够提供高效可靠的交易服务
	本企业的内容（技术）平台能够吸引更大范围的商业参与者，促进业务多样化和跨界协作
体验营销能力	本企业的知识产权产品（服务）能够带给用户富有娱乐性的感官体验
	本企业的知识产权产品（服务）能够与用户保护良好、持久和情感丰富的交互
	本企业的知识产权产品（服务）注重人性化设计，能提供独特的、可自主定制的个性化体验
	本企业的知识产权产品（服务）能够长久驻留于用户心中，增强其再次体验和接触企业的意愿
外部知识产权保护	知识产权立法完善，为企业营造了良好的知识产权保护环境
	本地区知识产权行政保护力度大，有利于企业及时、有效地维权
	本地区知识产权司法保护力度大，有利于企业及时、有效地维权

变量	题项
金融发展	本地区放贷政策宽松，能够满足文化创意企业的资金需求
	本地区银行及其他金融机构融资政策合理，能够满足文化创意企业的资金需求
	本地区证券市场发达，能够满足文化创意企业的资金需求
文化地理禀赋	本企业能够依托地区丰富的历史、文化资源，获取创意创作的素材和灵感
	本企业能够依托地区整体的文化品牌和符号形象，进行知识产权营销和品牌打造
	本企业能够依托地理优势，进行知识产权营销和品牌打造

关于控制变量，本书选取企业规模、企业所有制性质以及企业创办年限作为控制变量。首先，企业规模被认为是影响企业知识产权产出的重要因素。参照董晓芳等（2014）、周定根等（2016）的研究，本书将企业员工总数的对数值作为代理变量。其次，企业所有制性质依据国有和非国有两类进行划分，以0代表非国有企业，1代表国有企业。企业所有制性质可能对知识产权能力带来一定程度的影响。最后，企业创办年限依据小于等于10年和大于10年进行赋值，1代表大于10年，0代表小于等于10年。企业创办年限越长，知识产权资源积累越丰富，技术开发越成熟，越有可能形成高水平的知识产权能力。

3. 信度和效度检验

信度和效度检验如表4-7所示。其中，KMO值均大为0.7，球形Bartlett卡方检验值显著，除体验营销能力外解释总方差均大于0.8，表明问卷具有良好的效度。Cronbach's α值均大于0.8，表明问卷各变量的题项之间具有较高的信度。量表测量的变量分值由因子得分获得。

表4-7 检验结果

变量	KMO	因子载荷	Cronbach's α	解释总方差
高管的知识产权素质	0.762 (0.000)	0.967	0.962	0.9293
		0.974		
		0.951		

续表

变量	KMO	因子载荷	Cronbach's α	解释总方差
关系网络	0.772 (0.000)	0.957 0.954 0.944	0.948	0.9062
组织学习能力	0.746 (0.000)	0.898 0.909 0.898	0.885	0.8183
平台能力	0.833 (0.000)	0.934 0.938 0.946 0.950	0.940	0.8871
体验营销能力	0.834 (0.000)	0.902 0.842 0.887 0.922	0.865	0.7901
外部知识产权保护	0.746 (0.000)	0.899 0.902 0.920	0.892	0.8232
金融发展	0.759 (0.000)	0.938 0.947 0.923	0.929	0.8759
文化地理禀赋	0.758 (0.000)	0.952 0.941 0.966	0.949	0.9079

注：括号内数字为样本分布的球形 Bartlett 卡方检验值的显著性。

4. 估计方法

构建多元回归模型，如式（4-1）所示。其中，IP_i 为第 i 家企业的知识产权能力；HR_i、TA_i、RD_i、RN_i 分别代表第 i 家企业的创意研发人才、高管的知识产权素质、创新投入和关系网络；SL_i、PT_i、TY_i 分别代表第 i 家企业的组织学习能力、平台能力和体验营销能力；IPP_i、GOV_i、CD_i、DW_i 分别表示第 i 家企业的外部知识产权保护、政府支持、金融发展和文化地理禀赋；SZ_i、XZ_i、AG_i 分别表示第 i 家企业的企业规模、所有制性质和企业创办年限；$\alpha_0 \sim \alpha_{14}$ 为待估计的未知参数，ε_i 为随机误差项。

$$IP_i = \alpha_0 + \alpha_1 SZ_i + \alpha_2 XZ_i + \alpha_3 AG_i + \alpha_4 HR_i + \alpha_5 TA_i + \alpha_6 RD_i + \alpha_7 RN_i + \alpha_8 SL_i +$$
$$\alpha_9 PT_i + \alpha_{10} TY_i + \alpha_{11} IPP_i + \alpha_{12} GOV_i + \alpha_{13} CD_i + \alpha_{14} DW_i + \varepsilon_i \qquad (4-1)$$

（三）实证结果与分析

1. 描述性统计

表 4-8 报告了知识产权能力、影响因素及控制变量的全距、最值、均值和方差。其中，政府支持的均值为 0.031 且方差较小，表明多数调研企业获得了一定程度的政府支持。高管的知识产权素质、组织学习能力、平台能力、体验营销能力和外部知识产权保护的中位数为负且低于均值，反映出超过半数的企业未达到均值水平，企业之间的差距较为显著。

表 4-8　描述性统计

变量	统计量	全距	中位数	最小值	最大值	均值	方差
IP	142	2.410	-0.110	-0.670	1.740	0.000	0.508
SZ	142	3.150	4.100	2.380	5.530	3.973	0.825
XZ	142	1.000	1.000	0.000	1.000	0.655	0.477
AG	142	1.000	0.000	0.000	1.000	0.246	0.432
HR	142	0.770	0.240	0.110	0.880	0.273	0.141
TA	142	3.680	-0.145	-1.810	1.870	0.000	1.000
RD	142	0.760	0.220	0.100	0.860	0.260	0.162
RN	142	4.060	0.230	-2.060	2.000	0.001	0.999
SL	142	4.030	-0.030	-2.000	2.030	0.000	1.005
PT	142	3.630	-0.190	-1.730	1.910	0.002	0.998
TY	142	4.110	-0.040	-2.060	2.050	-0.002	0.997
IPP	142	5.200	-0.200	-2.350	2.850	0.000	1.000
GOV	142	0.190	0.010	0.000	0.190	0.031	0.040
CD	142	4.370	0.380	-2.270	2.100	0.000	1.000
DW	142	5.140	0.085	-2.280	2.860	0.000	1.000

2. 多元回归分析

本书运用 SPSS Statistics 20.0 软件对计量模型进行多元回归分析，表

4-9 呈现了普通最小二乘法的模型拟合度和 F 检验值。其中，拟合系数 R^2 和调整后 R^2 分别为 0.865 和 0.850，说明多元回归拟合度较高。F 值为 58.259 （$p = 0.0000$），表明整体模型在统计上是显著的。

表 4-9　模型拟合度及 F 检验

模型	R	R^2	调整后 R^2	标准估计误差	更改统计量				
					R^2 更改	F 更改	$df1$	$df2$	$Sig. F$ 更改
I	0.930	0.865	0.850	0.197	0.865	58.259	14	127	0.000

表 4-10 呈现了逐步加入控制变量、资源层面因素、能力层面因素和外部环境层面因素之后的多元回归估计结果。模型 I 至模型 IV 的调整后 R^2 分别是 0.344、0.688、0.765 和 0.850，并且 F 值由 25.626 增大至 58.259，表明回归方程的拟合性和解释力随着变量组的加入而越来越强。共线性统计量中自变量的容差均大于 0.1，VIF 值均小于 5，说明自变量之间不存在严重的共线性问题，在可容忍的范围之内。从回归结果得到的相关估计系数来看，多数变量在 10% 以下水平显著。

模型 I 检验了控制变量的影响，估计结果表明企业规模、企业创办年限对文化创意企业的知识产权能力在 1% 的统计性水平下具有显著的正向影响。这说明，企业规模和创办年限在一定程度上为文化创意企业的知识产权活动提供了更为丰富的资源和更好的技术开发基础，从而对知识产权能力产生了积极的推动作用。企业所有制性质在四个模型中均不存在显著的影响，说明在本次调研中企业所有制性质尚未对知识产权能力发挥显著作用。

模型 II 至模型 IV 在控制变量基础上逐渐加入资源层面因素、能力层面因素和外部环境层面因素的回归估计，现围绕估计结果进行详细阐述。在资源层面，创意研发人才和创新投入的正向作用分别在 5% 和 1% 的统计性水平下显著，从而验证了研究假设 H1 和 H3。同时，创意研发人才和创新投入的回归系数在模型 II 至模型 IV 中总体上高于其他影响因素，表明二者对知识产权能力的影响较大。主要原因在于，目前调研企业的知识产权能力建设整体上处于发展初期，对创意研发人才和创新投入的强调是知识吸

表4-10 多元回归估计

变量	模型Ⅰ			模型Ⅱ			模型Ⅲ			模型Ⅳ		
	α	t值	VIF	α	t值	VIF	α	t值	VIF	α	t值	VIF
SZ	0.322***	4.407	1.150	0.186***	3.501	1.275	0.109**	2.259	1.386	0.052*	1.934	1.641
XZ	-0.056	-0.814	1.030	0.044	0.914	1.070	0.048	1.124	1.075	0.050	1.400	1.190
AG	0.388***	5.242	1.180	0.236***	4.304	1.362	0.145***	2.907	1.480	0.076*	1.858	1.574
HR				0.295**	3.612	2.091	0.230***	2.849	2.182	0.127**	2.318	2.362
RD				0.347***	2.780	2.275	0.272***	2.910	2.306	0.196***	3.142	2.345
TA				0.131**	2.373	1.381	0.092*	1.891	1.434	0.078**	2.421	1.538
RN				0.183***	4.827	1.569	0.104***	3.135	1.774	0.085*	1.725	2.007
SL							0.138***	5.126	1.936	0.104***	2.903	2.229
PT							0.084*	1.915	1.603	0.058*	1.859	1.653
TY							0.102**	2.126	1.487	0.083**	2.054	1.536
IPP										0.235	1.598	2.087
GOV										0.085*	1.969	1.781
CD										0.022	0.429	2.503
DW										0.184***	4.081	1.915
R^2	0.358			0.704			0.781			0.865		
调整后 R^2	0.344			0.688			0.765			0.850		
F	25.626***			45.473***			46.802***			58.259***		
Sig. F	0.000			0.000			0.000			0.000		

注：***、**、*分别代表在1%、5%、10%的统计水平下显著，α表示标准化系数。

收、技术引进的必要条件，能够促进企业模仿学习和二次创新，由此带来知识产权能力的提升。高管的知识产权素质在模型Ⅱ至模型Ⅳ中分别在5%、10%和5%的统计性水平下具有显著的正向影响，验证了假设H2。由此表明，高管的知识产权素质是提升文化创意企业知识产权能力的重要因素。关系网络在模型Ⅱ至模型Ⅳ中分别在1%、1%和10%的统计性水平下具有显著的正向影响，反映出企业与政府部门、商业机构、中介服务机构的交流合作在当前市场机制尚不完善的特殊时期，能够成为正式制度的替代机制和非市场力量，有效带动创新要素流动、渠道成员参与和服务提供，进一步驱动企业的知识产权开发和商业化。

在能力层面，组织学习能力、平台能力和体验营销能力对文化创意企业的知识产权能力具有显著的正向影响，验证了假设H5至H7。其中，组织学习能力的回归系数在模型Ⅲ和模型Ⅳ中普遍高于平台能力和体验营销能力，且在1%的统计性水平下显著，说明组织学习能力在能力层面因素中对文化创意企业知识产权能力的影响最大。由此可见，组织学习是知识产权能力提升的重要因素，不仅能够促进知识产权产出，而且有利于高效地开展知识产权工作，追求市场价值的最大化。平台能力和体验营销能力在模型Ⅲ中分别在10%和5%的统计性水平下显著，在模型Ⅳ中也如此，反映出平台能力和体验营销能力对文化创意企业的知识产权能力具有正向促进作用。值得注意的是，模型Ⅲ和模型Ⅳ的回归系数也显示，平台能力和体验营销能力对知识产权能力的边际贡献普遍低于资源层面因素。究其原因在于，相较于资源的积累，能力的形成是一个长期的过程且具有一定的临界规模效应，即在企业达到一定的资源条件下能力的发展才会有明显的变化，对知识产权能力的作用也才会完全显现，而这一过程具有显著的时间滞后性。由此说明，现阶段文化创意企业还处于以资源投入驱动知识产权能力提升的时期，需要对平台能力和体验营销能力进行可持续建设，以实现边际贡献递增。

在外部环境层面，政府支持和文化地理禀赋对文化创意企业的知识产权能力分别在10%和1%的统计性水平下具有显著的正向影响，验证了假设H9和H11。其中，政府支持的正向效应反映了政府的支持措施对文化创意企业的知识产权能力产生了积极作用，表明知识产权能力的发展对政府支持的依赖程度较高。文化地理禀赋对文化创意企业知识产权能力的边际贡献为 0.184，说明文化创意企业的知识产权活动与地区所拥有的悠久历史、驰名海内外的文化符号以及著名吸引物有关，文化地理禀赋能够为孕育具有稀缺性和文化优势的商品提供源源不断的文化支撑和地理资源条件，助推知识产权市场化。然而，外部知识产权保护和金融发展对文化创意企业的知识产权能力均不具有显著的正向影响。其中，外部知识产权保护对文化创意企业知识产权能力影响的回归系数为 0.235，表明边际贡献相对较大，但是影响并不显著。这反映出当前知识产权法制建设未能为企业知识产权行为提供可靠的法律依据和可操作的规范引导，有待进一步完善。同时，地区监管部门打击侵权盗版的力度还需加大。金融发展的正向影响也并不显著，这与目前陕西省内放贷政策较为保守以及知识产权交易市场不够繁荣有关，不少企业仍然面临知识产权质押融资手段少、规模小和成本高的问题，在一定程度上限制了金融发展作用的发挥。

3. 主要结论

本章基于文化创意企业知识产权能力影响因素理论框架，选择了在知识产权能力建设方面有成功实践的 12 家企业进行个案分析，结合事实资料进行验证，并提出了 3 个研究命题。进一步地，在实地检验和理论分析相结合的基础上，提出了包括三个层面 11 个影响因素在内的研究假设。本章运用问卷调查和多元回归分析，开展了更大规模的实证研究。本章分析了142 家文化创意企业，检验了各个影响因素与知识产权能力之间的关系，较好地诠释和明晰了各因素的影响。

在资源层面，创意研发人才、高管的知识产权素质、创新投入和关系网络对知识产权能力具有正向影响。其中，创意研发人才和创新投入对文化创意企业的知识产权能力均存在显著的正向影响，并且创意研发人才和创新投入的回归系数在模型检验中普遍高于其他影响因素，反映出当前文化创意企业知识产权能力的发展主要依靠创意研发人才投入和创新支出获得动力。高管的知识产权素质对文化创意企业的知识产权能力具有显著的正向影响，表明加强高管的知识产权素质是文化创意企业知识产权能力发展的重要途径。关系网络对文化创意企业的知识产权能力具有正向影响，表明文化创意企业与政府部门、商业机构、中介服务机构的合作关系有助于知识产权能力的提升。

在能力层面，组织学习能力、平台能力和体验营销能力对文化创意企业的知识产权能力均具有积极的正向影响。其中，组织学习能力对文化创意企业知识产权能力的影响在 1% 的统计性水平下显著，平台能力和体验营销能力分别在 10% 和 5% 的统计性水平下显著，并且组织学习能力的回归系数普遍高于平台能力和体验营销能力，表明组织学习能力的影响在能力层面因素中最大。同时，能力层面因素的边际贡献总体低于资源层面因素。毕竟，相较于资源的积累，能力的形成是一个长期的过程且只有在达到一定条件后对知识产权能力的作用才会完全显现。由此表明，现阶段文化创意企业尚处于以资源投入驱动知识产权能力提升的时期，需要加强对组织学习能力、平台能力和体验营销能力的培育。

在外部环境层面，政府支持和文化地理禀赋是影响知识产权能力的关键因素，而外部知识产权保护和金融发展具有正向但不显著的促进作用。其中，政府支持的正向影响在 10% 的统计性水平下显著，揭示了文化创意企业的知识产权能力受到政府支持措施的积极影响。文化地理禀赋对文化创意企业知识产权能力的正向影响在 1% 的统计性水平下显著，反映出企业所在地的地理文化要素对知识产权能力的提升发挥着重要的支撑作用。外部知识产权保护的正向影响不显著，原因在于文化创意产业整体缺乏较为规范和全面的知识产权立法和行政监督，并且陕西地区企业的知识产权保护意识有待加强，外部知识产权保护的正向影响未能得到充分发挥。金融发展的拉动作用并不显著，主要是因为地区银行放贷政策保守、第三方贷款和知识产权评估融资体系不成熟等，无法有效地解决企业的资金约束问题，削弱了金融发展对知识产权能力提升的促进作用。

三　本章小结

本章以文化创意企业知识产权能力影响因素的理论框架为基础，通过对 12 家文化创意企业的案例研究，剖析了知识产权能力的影响因素。本章以 142 家文化创意企业为样本，运用多元回归分析方法开展实证研究，是对文化创意领域知识产权能力影响因素的理论构建和实践尝试，揭示了创意研发人才、高管的知识产权素质、组织学习能力、平台能力、体验营销能力及文化地理禀赋等因素的重要作用，在一定程度上体现了文化创意企业知识产权能力影响因素的特质，同时进一步丰富和拓展了相关理论图景。此外，本章的研究结论也为后续知识产权能力系统的动态研究奠定了基础。

第五章

基于 SD 的文化创意企业知识产权能力的作用机制

本章基于文化创意企业知识产权能力研究的总体框架，借鉴系统工程思想，运用系统动力学方法，分析知识产权能力构成要素的相互作用关系，厘清各个影响因素在知识产权能力发挥过程中的因果联系、嵌套效应和交互作用，揭示知识产权能力系统的动态作用机制，探明能力提升的有效路径，为后续推进文化创意企业知识产权能力的可持续发展提供对策和决策依据。

一 文化创意企业知识产权能力的系统特性

根据系统论思想，知识产权能力可以被视为一个复杂且具有边界的开放式系统。知识产权能力构成要素及其影响因素之间的相互作用关系构成系统的基本结构，各个要素功能的有序协同决定着系统运行状态，形成以创意价值输出为导向、以知识产权活动为主线的有机整体，并通过资源投入、外部关系网络搭建、制度政策供给等，为文化创意企业知识产权能力系统提供内外驱动力，从而促进系统良性循环和不断优化的动态发展。由此可知，知识产权能力系统具备结构关联性、非线性涌现性、复杂性等特征，具体分析如下。

结构关联性。一方面，知识产权能力中各项子能力既相互促进，又因企业资源有限而彼此制约；另一方面，文化创意企业知识产权能力由多方主体交互作用而成，涉及企业本身以及同行企业、政府、金融机构等，彼此联系和相互影响。

非线性涌现性。知识产权能力的发展取决于各个能力构成要素之间的协调运作和要素功能的充分发挥，体现出系统的动力学特征。此外，文化创意企业的知识产权能力不仅受到企业资源、能力及外部环境等因素的直接影响，也会受到各个影响因素交互关系的作用。一些因素的变化可能导致其他关联因素的改变，形成连带效应和功能放大现象，构成多重因果反馈的非线性涌现。

复杂性。企业知识产权能力存在大量的反馈回路和交互作用，并且伴随着企业内部及其与外界的物质、信息、能量的持续交换，促进了知识产权能力系统中各个影响因素、能力构成要素及相关主体间的传递效应和动态关系，产生诸多不确定性与复杂性。

二 文化创意企业知识产权能力的系统动力学建模

系统动力学（System Dynamics，SD）是基于系统科学理论研究信息反馈系统的动态方法，关注系统中各个要素之间的因果关系对系统行为的影响（Davis，J. P. et al.，2007），有助于揭示多种反馈回路和非线性特征（Forrester，J. W.，2007），进而深入理解系统行为所具有的复杂因果关系。目前，国内外学者已经将 SD 应用于企业能力研究，主要成果集中于创新能力、技术创新能力的仿真分析，具有较好的适用性。

由前文分析可知，知识产权能力是一个具有开放性、非线性和动态复杂性的系统，因此能够在综合考虑系统内部影响因素的相互作用及其与知识产权能力之间关系的基础上建立系统动力学模型。此外，对文化创意企业知识产权能力发挥过程的描述面临某些构念难以量化或数据缺失的困境，而这些构念又无法回避，一般的数据工具难以处理此类问题。系统动力学的独特优势在于能够基于反馈回路产生"虚拟"数据和遵循同样的结构模式，从而在数据有限的条件下对知识产权能力提升的有效路径进行推算和分析。综上所述，系统动力学方法能够较好地用于分析本书所考察的问题。

（一）系统边界确定及前提假设

系统内部要素是确定系统动力学建模的基础，将对系统运行产生本质影响。因此，需要确定文化创意企业知识产权能力系统动力学模型的边界，明晰系统研究的范围以及深度。本模型的边界是文化创意企业知识产权能力及其影响要素的集合，本章将从众多因果反馈构成的复杂回路中选择相关度较大的因果链进行研究，剔除系统内相关度较小的要素，保证模型的简洁性和突出重点，使得研究更有意义。

本书模型基于以下三个假设：首先，文化创意企业知识产权能力系统的运行是一个连续的过程，暂不考虑自然灾害、战争等不可抗力对国家政策和企业环境产生的影响；其次，本书以知识产权能力构成要素及其影响因素之间的动态关系为研究焦点；再次，模型考虑了环境动荡性带来的影响，表现在知识产权能力的耗损之中，原因在于文化创意企业的知识产权活动本身具有高风险性且受环境变化的影响较大。

（二）系统总体构架

文化创意企业知识产权能力系统的总体构架主要以第二章的总体框架为基础进行扩展。其中，知识产权能力受到三个层面因素的影响，分别是资源层面因素（包括创意研发人才、高管的知识产权素质、创新投入、关系网络）、能力层面因素（包括组织学习能力、平台能力和体验营销能力）以及外部环境层面因素（包括外部知识产权保护、金融发展、政府支持和文化地理禀赋）。上述因素为文化创意企业的知识产权能力发展提供了基础条件和驱动力，激发了文化创意企业的创意获取、生成、孵化、储存、营销、推广、交易与消费，彰显了创意产品（服务）的文化价值和技术价值，有助于企业获得巨大的市场份额和创新收益。进一步地，创意收益推动了企业的资源积累，增加了企业的创新投入，由此构成了知识产权能力的良性循环系统。

（三）系统因果反馈图分析

基于知识产权能力系统的总体构架，分别围绕文化创意企业知识产权能力系统的四个子系统即知识产权创造子系统、保护子系统、运用子系统和管理子系统建立系统因果反馈图。其中，各个子系统均具有自身独特的结构特点和功能，彼此之间通过接口变量连接，形成一系列具有因果关系的过程，并通过各个回路图交织在一起，构成具有正向或负向作用关系的循环回路。

1. 知识产权创造子系统的因果回路

图 5-1 展示了知识产权创造子系统的因果回路。文化创意企业主要采取自主创新、外部引进两种形式进行知识产权创造活动，企业的创意生成与创意研发人才、创新投入、政府支持和创意内化有关。内生增长理论将人力资本和创新投入视为创新的关键支撑要素（Romer，P.，1990），而文化创意活动与政府意向的强相关性也使得政府支持在企业创新中具有重要的导向作用。此外，研究表明，由于研发与创意活动通常具有"专—广"的知识结构要求，因此仅仅依靠企业个体无法满足需求（Hemlin，S.，2006），还有赖于外部创意阶层的创造性想法和知识产权引进以填补企业的创意缺口，并通过创意内化使新想法成为具体的、可操作的创意方案（Amabile，T. M. et al.，1996）。其中，外部创意吸收与地区创意阶层集聚、文化地理禀赋有关。研究表明，作为地区最具创造力价值和成长潜力的人力资本，创意阶层的集聚能够形成"创意中心"，通过降低创意转化成本、促进创新外溢与共享、提升劳动力市场专业化和岗位匹配度，推动企业创新。而文化地理禀赋则为创意人才提供了创意加工的素材、灵感和点子，注入公共创意池以供企业共享、吸收和组织学习，进而内化为企业的创意基础。

在知识产权外部引进和自主创新的过程中，关系网络、知识产权信息运用和事先保护也发挥着重要作用。其中，关系网络能够通过拓展人脉、增强合作等，促进对潜在 IP 资源的利用和对外部创意的捕获。而知识产权信息运用旨在帮助企业接收前沿信息，通过绘制知识产权地图规避潜在侵权风险，提高前期投资决策的科学性。知识产权事先保护则有助于完善相关合同的签署等，保障前景知识产权的合法取得，避免创新泄露。

企业形成的创新创意成果经由知识产权人才的实施产权化，不断推动

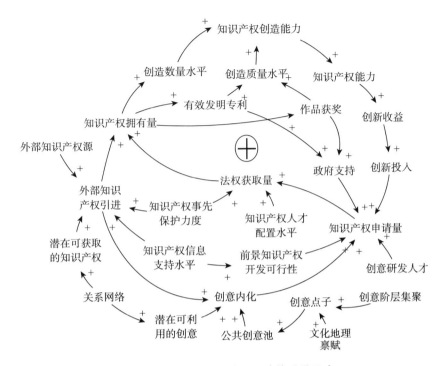

图 5-1　知识产权创造子系统的因果回路

企业知识产权存量积累，进一步促进作品、专利等数量和质量水平的提升，企业可以此申报文化精品（工程）项目，获得政府支持。知识产权创造能力带动知识产权能力的持续发展，使企业获得更大的市场优势和创新利润空间（萧延高等，2010），从而在后续创意研发中保障创新投入的可持续性，共同促进知识产权再生创造和法权申报，形成良性的动力循环。

2. 知识产权保护子系统的因果回路

图 5-2 展示了文化创意企业知识产权保护子系统的因果回路。从企业维权的驱动源来看，我国的知识产权制度日益健全，专利保护联盟、版权保护联盟等保护组织日益发挥作用，软件正版化等措施不断完善和加强，在保障企业创新的同时，也倒逼企业认清知识产权的价值和作用，形成强烈的保护意识，更加重视维权。因此，加大知识产权经常性经费预算投入、增强组织学习能力和引进专业人才，为内化知识产权制度提供了条件，进而推动企业的作品自愿登记、知识产权合同签署以及风险防范和维权水平的提升。

在事前保护和事中保护过程中，高管的知识产权素质和知识产权人才配置水平发挥着重要作用。其中，高管的知识产权素质的影响主要体现在两个方面：一是有助于引导企业加强知识产权保护意识和制度学习，促进企业加强管理工作的规范性；二是有助于企业对竞争环境和知识产权发展趋势进行分析，科学合理地制定知识产权战略和实施方案。而知识产权人才配置水平的积极影响表现在提高企业的知识产权制度水平、增强对市场风险的监控和解决争议等方面。

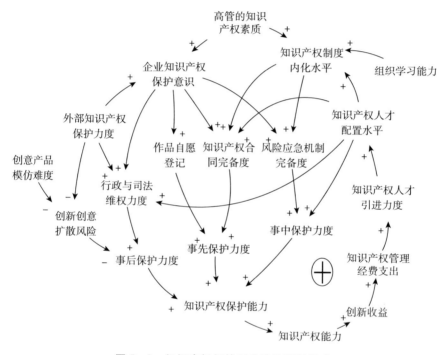

图5-2　知识产权保护子系统的因果回路

在事后保护过程中，行政保护和司法申诉行为不仅取决于知识产权法务人才的水平，也与外部知识产权保护力度和企业产品被模仿的难易程度有关。外部知识产权保护力度越大，打击侵权盗版的力度越大，企业胜诉的概率和获得的法定赔偿金额越大。而企业产品被模仿的难度越大，同行企业能够习得、借鉴和吸收创新创意知识的难度越大，创新创意非自愿性溢出程度越低，企业遭受仿冒复制的可能性越小，事后维权力度及其对知识产权能力的作用越大。

3. 知识产权运用子系统的因果回路

图 5 - 3 展示了文化创意企业知识产权运用子系统的因果回路。由于自主知识产权的质量水平是企业参与制定行业技术标准、参与构建专利池的关键考量，只有当质量水平高于一定阈值时，才能有效扩大知识产权的用户基数，通过知识产权制度运用实现"赢者通吃"。在知识产权市场化方面，相关因素包括可转化程度、事中保护力度、事后保护力度、知识产权共享与传播渠道、平台能力、体验营销能力和融资约束等。其中，可转化程度可用于表征企业运用资产操作的知识产权数占比，原因在于并非所有的知识产权都能满足商业和金融领域的需求。事后保护力度则关乎运作收益和争议处置水平，以确保市场活动的顺利开展。而知识产权共享与传播渠道反映了知识产权的资产运用途径、产品覆盖范围以及营销广度，可促进相关商品被消费者感知和接受，增加运营机会。在知识产权传播过程中，事中保护有助于商品触及市场而免于遭受扩散风险，而平台能力能够促进企业通过互联网提升知识产权交易效率和扩大交易规模。体验营销能力的积极影响表现在增加知识产权产品的购买力、提升交易价格和带来价值共创契机。金融发展的促进效应体现在为企业知识产权运营提供了有力

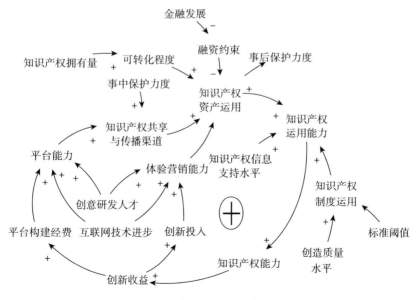

图 5 - 3　知识产权运用子系统的因果回路

的资金支撑，正如"金融抑制论"所指出的，金融发展在一定程度上决定了企业的融资难易程度。金融发展越成熟，企业面临的融资约束越小，可获得的资金越多。

4. 知识产权管理子系统的因果回路

图5-4展示了文化创意企业知识产权管理子系统的因果回路，知识产权管理子系统主要包括战略规划、组织构架和制度设置三部分。其中，战略规划与企业知识产权能力的发展相适应，并随着知识产权能力的提升而不断完善。国家知识产权管理标准的推行强化了战略地位的重要性和策略实施的规范性，高管的知识产权素质有助于制定科学的战略决策。企业通过落实知识产权规划方案，加大了对相关专业人才的引进力度，促进了组织管理机构和信息系统的完善。

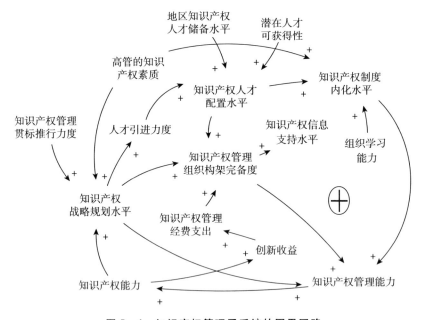

图5-4 知识产权管理子系统的因果回路

作为知识产权管理子系统的重要组成，知识产权管理制度建设有赖于高管、知识产权人才和组织学习能力。高管的专业性越强、知识产权人才储备越充分，越能够引领企业全员积极开展组织学习和知识产权管理培训，将知识产权法律和制度规范内化于日常管理行为之中。而企业知识产权人才需求的有效满足不仅取决于企业人才引进力度，也与所在地区知识产权人才储备水平、潜在人才可获得性有关。

5. 系统反馈回路分析

基于文化创意企业知识产权能力子系统的因果回路，构建总体模型。本书运用 Vensim PLE 软件中的"Loops"功能分析因果回路中主要的反馈路径，通过反馈回路识别可知，文化创意企业知识产权能力的提升存在多条正向的循环路径，企业应该着眼于提升知识产权战略规划水平、加大创新投入和知识产权管理经费支出、注重外部知识产权获取，以及培育平台能力和体验营销能力等。具体分析如下。

反馈路径 1：知识产权战略规划水平—人才引进力度—知识产权人才配置水平—知识产权管理组织构架完备度—知识产权信息支持水平—前景知识产权开发可行性—知识产权申请量—法权获取量—知识产权拥有量—有效发明专利（或作品获奖）—创造质量水平—知识产权创造能力—知识产权能力—知识产权战略规划水平。该路径表明，在知识产权战略规划下，企业通过知识人才引进、组织构架建设以及知识产权信息分析，保障前景知识产权开发决策的科学性和可行性，从而提升知识产权法权获取和质量水平，促进知识产权能力发展。

反馈路径 2：创新投入—知识产权申请量—法权获取量—知识产权拥有量—知识产权资产运用—知识产权运用能力—知识产权能力—创新收益—创新投入。该路径表明，文化创意企业能够通过创新投入增加知识产权产出，为知识产权转化奠定良好的资源基础，由此促进转化收入的增长和知识产权运用能力的增强，不断提升知识产权能力。

反馈路径 3：知识产权制度内化水平—知识产权合同完备度—事先保护力度—知识产权保护能力—知识产权能力—知识产权战略规划水平—人才引进力度—知识产权人才配置水平—知识产权制度内化水平。该路径表明，文化创意企业能够通过知识产权制度的内化，进一步完善知识产权保护机制和提升知识产权能力，并以更高水平的知识产权战略规划加强知识产权人才引进和激励制度学习，形成能力系统的良性循环。

反馈路径 4：外部知识产权获取—创意内化—知识产权申请量—法权

获取量—知识产权拥有量—有效发明专利（或作品获奖）—创造质量水平—知识产权制度运用—知识产权运用能力—知识产权能力—知识产权战略规划水平—人才引进力度—知识产权人才配置水平—知识产权制度内化水平—知识产权合同完备度—事先保护力度—外部知识产权获取。该路径表明，文化创意企业能够通过外部知识产权获取提升创造质量水平和加强制度运用，形成高水平的战略规划并不断完善专业人才配置，从而提高合同签署和事前保护能力，更有效地获取合法权利和预期收益。

反馈路径5：知识产权管理经费支出—知识产权管理组织构架完备度—知识产权信息支持水平—外部知识产权引进—创意内化—知识产权申请量—法权获取量—知识产权拥有量—有效发明专利（或作品获奖）—创造质量水平—知识产权制度运用—知识产权运用能力—知识产权能力—创新收益—知识产权管理经费支出。该路径表明，企业增加知识产权管理经费支出有助于完善组织构架，提高对知识产权信息使用的重视，以更有效的方式探寻企业所需的知识产权和开展创意内化活动，增强自主创新和知识产权开发，实现知识产权积累，形成丰富的知识存量。最终，激发更多的发明专利或精品原创，提升知识产权质量和制度运用水平，由此增加知识产权能力的创新收益，为知识产权管理经费的持续支出提供保障。

反馈路径6：平台能力—知识产权共享与传播渠道—知识产权运用能力—知识产权能力—创新收益—平台构建经费—平台能力。该路径表明，文化创意企业通过提升平台能力能够有效促进知识产权交易和转化，从而带动知识产权能力发展，赢得更高的市场收益，以投入更多的平台构建经费，不断发展互联网时代下文化创意企业的新媒体业务，激励企业的平台化转型。

反馈路径7：体验营销能力—知识产权资产运用—知识产权运用能力—知识产权能力—创新收益—创新投入—体验营销能力。该路径表明，体验营销能力赋予了知识产权产品更多的使用价值和共创价值，提升了知识产权的销售价格，增强了消费者黏性，进而增加了知识产权运营收入，提升了知识产权能力，以创新投入的不断增长为企业提供更多的资金保障，扩大了企业体验营销能力的提升空间。

（四）知识产权能力的系统流图

基于知识产权能力系统的总体模型，将文化创意企业知识产权能力各个子系统的要素以及要素之间的相互影响表示成流图（如图 5 - 5 所示）。

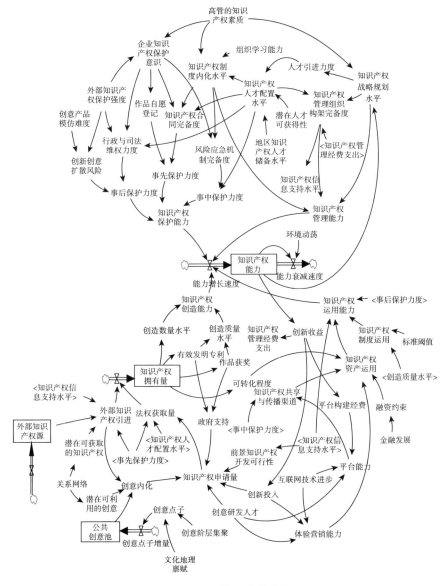

图 5 - 5　系统动力学流图

本书将知识产权能力概念化为一个存量，主要原因在于长期以来战略管理研究将组织能力看作一段时期内不断累积的过程（Dierickx，I. et al.，1989）。而知识产权能力作为一种动态能力，同样可以被视为系统中的存量变量。运用这种概念化方法，知识产权能力等于时间 t 内由文化创意企业知识产权创造能力、保护能力、运用能力和管理能力组成的增量函数积分，加上初始值。

（五）模型变量及方程编制

本模型4个子系统所包含的变量、变量含义、缩写、类型如表 5 - 1 所示。

表 5 - 1　模型变量

范围	变量	变量含义	变量缩写	变量类型
	知识产权申请量	企业申请知识产权的数量	ZSSQ	辅助变量
	法权获取	企业获得的知识产权法权数量	FQHQ	流量
	知识产权拥有量	企业积累的知识产权数量	ZSYY	存量
	有效发明专利	发明专利占所有专利的比重	YXFM	辅助变量
	作品获奖	作品获得国际级、国家级及地方级奖项情况	ZPHJ	辅助变量
	创造数量水平	企业知识产权创造的数量水平	SLSP	辅助变量
	创造质量水平	企业知识产权创造的质量水平	ZLSP	辅助变量
知识产权创造子系统	政府支持	政府资助占主营业务收入比重	ZFZC	辅助变量
	创意内化	外部创意的吸收	CYNH	辅助变量
	潜在可利用的创意	外部创意的可利用程度	QZCY	辅助变量
	潜在可利用的知识产权	外部知识产权可供利用的程度	QZZS	辅助变量
	关系网络	企业的外部合作关系	GXWL	常量
	创新投入	企业创意研发和市场营销资金的投入占比	CXTR	辅助变量
	创意研发人才	企业创意人才占员工总数的比重	CYYF	常量
	前景知识产权开发可行性	知识产权创造决策的可行程度	QJKF	辅助变量
	外部知识产权源	外部知识产权存量	WBZS	存量
	外部知识产权引进	企业从外部引进的知识产权	WBYJ	辅助变量

续表

范围	变量	变量含义	变量缩写	变量类型
知识产权创造子系统	公共创意池	外部共享创意存量	GGCY	存量
	创意点子	外部创意生成	CYDZ	流量
	文化地理禀赋	地区文化地理资源储备水平	WHDL	常量
	创意阶层集聚	地区创意人才集聚程度	CYRC	常量
	知识产权创造水平	企业进行知识产权创造的水平	ZSCZ	辅助变量
知识产权运用子系统	可转化程度	知识产权资源能够进行转化的程度	ZSBL	表函数
	知识产权资产运用	企业获得的知识产权运营收入占比	ZSZH	辅助变量
	知识产权共享与传播渠道	知识产权共享与传播的途径	ZSCB	辅助变量
	知识产权信息支持水平	知识产权信息跟踪、分析与决策的水平	XXZC	辅助变量
	知识产权制度运用	企业参与行业标准（专利池）情况	HYBZ	辅助变量
	标准阈值	企业参与行业标准的阈值	HYYZ	常量
	平台能力	企业构建平台的水平	PTNL	辅助变量
	平台构建经费	企业投入平台建设的经费支出占比	PTJF	辅助变量
	体验营销能力	企业开展体验营销的水平	TYYX	辅助变量
	互联网技术进步	外部环境中互联网技术进步	HLJS	常量
	金融发展	地区金融发展水平	JRFZ	常量
	融资约束	企业面临的融资困难	RZYS	辅助变量
	知识产权运用水平	企业运用知识产权的水平	ZSYY	辅助变量
知识产权保护子系统	高管的知识产权素质	企业高层的知识产权素养	GTZS	常量
	企业知识产权保护意识	企业全员对知识产权保护的重视程度	ZSYS	辅助变量
	外部知识产权保护力度	外部知识产权司法与行政执法力度	ZSLD	常量
	创意产品模仿难度	企业创意产品被模仿的难度	CYMF	常量
	创新创意非自愿溢出	创新创意自然的、无意识和非自愿的溢出	FZYC	辅助变量
	行政与司法维权力度	企业进行行政维权、司法申诉的行动力度	SXLD	辅助变量
	作品自愿登记	企业对作品采取行政保护手段的力度	ZYZB	辅助变量
	知识产权合同完备度	以合同保护知识产权的周全程度	ZSHT	辅助变量

范围	变量	变量含义	变量缩写	变量类型
知识产权保护子系统	风险应急机制完备度	过程性风险预警制度和应急流程的完善程度	FXYY	辅助变量
	事先保护力度	知识产权的事前保护力度	SXBH	辅助变量
	事中保护力度	知识产权的过程性风险防范水平	GCFX	辅助变量
	事后保护力度	知识产权的事后保护力度	SHBH	辅助变量
	知识产权保护水平	知识产权保护水平	ZSBH	辅助变量
知识产权管理子系统	知识产权战略规划水平	知识产权战略制定水平	ZLGH	辅助变量
	知识产权管理经费支出	企业知识产权管理经常性经费支出占比	GLJF	辅助变量
	知识产权管理组织构架完备度	管理机构设置及人员配置的完善程度	ZZGJ	辅助变量
	知识产权制度内化水平	企业内化知识产权制度的水平	ZDNH	辅助变量
	人才引进力度	企业引进知识产权人才的力度	RCYJ	辅助变量
	地区知识产权人才储备水平	地区知识产权人才库存量	RCCB	常量
	潜在人才可获得性	企业可获得的潜在知识产权人才比例	QZRC	常量
	知识产权人才配置水平	企业拥有或委托知识产权人才专业性	RCPZ	辅助变量
	组织学习能力	企业学习和内化知识产权制度的水平	ZZXX	常量
	知识产权管理水平	知识产权管理水平	ZSGL	辅助变量
知识产权能力	知识产权能力	企业的知识产权能力存量	ZSNL	存量
	能力增长速度	企业知识产权能力的增量	NLZL	流量
	能力衰减速度	企业知识产权能力的损耗量	NLSH	流量
	环境动荡	外部环境的动荡性	HJDD	辅助变量
	创新收益	企业创新收入	CXSY	辅助变量

1. 知识产权创造子系统

在知识产权开发可行性分析和事先保护的基础上，通过外部创意吸收和内部自主创新，进行创新创意成果生产。

其中，创新创意成果生产是投入与产出的过程，在此借鉴柯布—道格拉斯生产函数进行描述。柯布—道格拉斯生产函数是投入产出分析的重要计量模型,在组织能力及知识管理的仿真研究中具有很强的应用性(龙跃等,2016),因而适用于本模型。生产函数表达式如式(5-1)所示:

$$ZSSQ = \mu_0 \times CXTR^\alpha \times CYYF^\beta \times ZFZC^\gamma \times CYNH^\delta \times QJKF^\kappa \qquad (5-1)$$

式中 μ_0 表示投入效应的标度因子(Scale Factor),α、β、γ、δ、κ 分别代表创新投入、创意研发人才、政府支持、创意内化和前景知识产权开发可行性 5 个变量的弹性系数。基于现有研究(刘建华等,2016),将投入要素对产出的影响设定为典型的放大作用,即规模报酬递增,则 $\alpha + \beta + \gamma + \delta + \kappa > 1$。

在外部创意吸收过程中,创意阶层在地区创意人才(特殊人才)引进政策的导向下集聚度不断增大,并通过对本地区文化地理禀赋的挖掘、提炼和加工,促进创意点子(素材)更新和持续汇入公共创意池,以供企业捕捉创意灵感和提取创意素材,如式(5-2)和式(5-3)所示。

$$CYDZ = WHDL \times CYRC \qquad (5-2)$$

$$GGCY = \int_{t_0}^{t} CYDZ(s)\,ds + GGCY(t_0)] \qquad (5-3)$$

外部知识产权引进则取决于外部知识产权源、潜在可利用的知识产权、事先保护力度和知识产权信息支持水平,如式(5-4)所示,μ_1 为知识产权外部获取的标度因子。

$$WBYJ = \mu_1 \times WBZS \times QZZS \times SXBH \times XXZC \qquad (5-4)$$

通过公共创意池吸收和外部知识产权引进,提升企业创意内化水平,如式(5-5)所示。

$$CYNH = (WBYJ + GGCY) \times QZCY \qquad (5-5)$$

创新创意成果经由法权申请进行产权化,与事先保护力度、知识产权申请量、知识产权人才配置水平有关,如式(5-6)和式(5-7)所示。其中,μ_2 为知识产权法权获取的标度因子。获得的知识产权包括自主开发和外部引进两部分,一并计入知识产权拥有量。

$$FQHQ = \mu_2 \times ZSSQ \times SXBH \times RCPZ \qquad (5-6)$$

$$ZSYY = \int_{t_0}^{t} \big[FQHQ(s) + WBYJ(s) \big] \mathrm{d}s + ZSYY(t_0) \tag{5-7}$$

企业通过积累的知识产权资源参加作品评奖，并依托较高的技术水平（表现为有效发明专利）申报政府资助。随着知识产权数量及质量水平的不断提升，企业知识产权创造水平有所提升。

其中，有效发明专利、作品获奖与知识产权拥有量有关。研究表明，知识产权数量反映了企业创新活动的强度和水平（邓翠薇等，2014）。企业所拥有的知识产权资源越丰富，创新水平越高，取得有效发明专利和作品获奖的概率越大。考虑到有效发明专利与知识产权数量的关系较难确定，故而采取逻辑函数进行表征。逻辑函数中相应的阈值和占比参考调研企业有效发明专利占比的分布进行设置。作品获奖和政府支持根据前期调研企业数据的回归进行系数设置，F 检验值分别为 $F = 172.481$（$sig. = 0.000$）和 $F = 15.547$（$sig. = 0.000$）。逻辑函数表达式如式（5-8）至式（5-10）所示。

$$YXFM = IF\ THEN\ ELSE\{ZSYY \geqslant 100, 0.03, IF\ THEN\ ELSE[ZSYY \geqslant 50, 0.02,$$
$$IF\ THEN\ ELSE(ZSYY \geqslant 30, 0.01, 0)]\} \tag{5-8}$$

$$ZPHJ = ZSYY \times 0.019 - 0.211 \tag{5-9}$$

$$ZFZC = 0.0055 \times ZPHJ + 0.05 \times YXFM \tag{5-10}$$

知识产权创造水平取决于创造数量水平与创造质量水平。创造数量水平由企业知识产权资源禀赋与知识产权存量上限（设定为500）的比值计算得出。知识产权创造质量水平主要由有效发明专利和作品获奖两方面进行衡量。相关权重值由包括文化创意产业硕士生、博士生和教授在内的12位成员进行层次分析法打分得出，且层次分析法结果通过了一致性检验 $CR = CI/RI = 0.034 < 0.1$，如式（5-11）和式（5-12）所示。

$$ZSCZ = 0.512 \times SLSP + 0.216 \times ZPHJ + 0.272 \times YXFM \tag{5-11}$$

$$SLSP = ZSYY/500 \tag{5-12}$$

2. 知识产权运用子系统

可转化的企业知识产权资源是实施商业运营的前提和基础。知识产权可转化程度越高，意味着可实施商业运营的知识产权规模越大，越能对知识产权运营产生正向影响。知识产权可转化程度主要与知识产权拥有量有关，并且随着知识产权拥有量的增长而提高，但具有临界规模效应。原因在于，知识产权历时积累对可转化程度的边际效应是难以维持的。企业内部知识产权禀赋存在路径依赖的核心刚性，可能会陷入商业转化的瓶颈。到那时，仅以内部知识产权资源进行转化已经不能满足转化所需，知识产权积累对可转化程度的边际贡献呈现减弱或衰退状况。因此，用表函数形式表征可转化程度与知识产权拥有量的函数关系，曲线如图 5 - 6 所示。

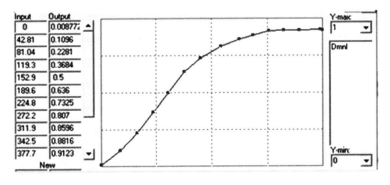

图 5 - 6　可转化程度与知识产权拥有量的表函数

接下来，进一步分析可转化知识产权的商业收入水平。一方面，在互联网技术进步的推动下，企业的平台能力和体验营销能力会对知识产权运用产生较大影响；另一方面，金融发展能够有效缓解融资约束问题，促进知识产权商业转化。

其中，平台能力与平台构建经费、创意研发人员和互联网技术进步有关。因此，平台能力的系统方程如式（5 - 13）和式（5 - 14）所示，相关权重通过层次分析法打分得出，括号内为一致性检验结果。式（5 - 14）中 θ_1、θ_2 分别代表平台构建经费初始值以及创新收益投入平台构建的经费比重。

$$PTNL = 0.232 \times HLJS + 0.413 \times CYYF + 0.355 \times PTJF$$

$$(CR = 0.018 < 0.1) \tag{5 - 13}$$

$$PTJF = \theta_1 + CXSY \times \theta_2 \tag{5 - 14}$$

体验营销是文化创意企业市场营销的重要形式和创新投入的核心组成，不仅与创新投入中的市场营销费用有关，也会受到互联网技术进步和创意研发人员的影响，如式（5－15）所示。相关权重通过层次分析法打分得出，括号内为一致性检验结果。

$$TYYX = 0.325 \times CYYF + 0.387 \times CXTR + 0.288 \times HLJS$$
$$(CR = 0.044 < 0.1)$$
$$(5-15)$$

通常情况下，知识产权资产运用与知识产权拥有量的可转化率成正比。同时，知识产权商业收入离不开共享与传播渠道的支撑，而卓越的体验营销能力能够有效地促进知识产权销售。此外，知识产权资产运用与融资约束成反比，原因在于商业运作需要大量资金，而知识产权转化所遭受的融资问题在一定程度上抑制了知识产权的市场化水平。综上所述，构建表达式如式（5－16）所示。其中，知识产权共享与传播渠道受到企业平台能力和知识产权事中保护的影响，平台能力越强，企业所拥有的知识产权实施路径越多，而事中保护有利于知识产权的公开，避免传播引发的侵权风险。

$$ZSZH = ZSBL \times (1 + SZBH \times PTNL) \times (1 + TYYX)/(1 + RZYS) \quad (5-16)$$

知识产权运用能力还取决于企业参与行业标准（专利池）的情况和知识产权信息系统支持水平。在此过程中，事后保护力度也影响知识产权运用能力的发展。

知识产权制度运用主要是指企业参与行业标准（专利池）情况。尽管企业参与行业标准（专利池）受诸多因素的影响，但最核心的因素是知识产权中包含的某些创意或关键技术，在客观上体现为知识产权创造质量水平。当知识产权创造质量水平超过某一标准阈值时，企业的自主知识产权能够参与行业标准（专利池）被视为知识产权制度运用，数值设定为1，否则为0，如式（5－17）所示。

$$HYBZ = IF\ THEN\ ELSE(ZSYY \geq 4, 1, 0) \quad (5-17)$$

知识产权信息支持水平取决于知识产权管理组织构架完备度。成熟的知识产权管理组织构架将对知识产权信息查询、跟踪和检索提出更为规范的实施要求，强化知识产权信息在企业各个层面的运用，从而推动知识产权信息系统建设。知识产权信息系统与知识产权管理组织构架之间的系数基于前期调研企业的数据通过回归方法设置，$F = 136.740$（$sig. = 0.000$），如式（5 – 18）所示。

$$XXZC = 0.527 \times ZZGJ + 0.002 \qquad (5 - 18)$$

综上所述，知识产权运用能力表达式如式（5 – 19）所示，相关表达式的权重通过层次分析法得分得出。

$$ZSYY = (0.289 \times XXZC + 0.336 \times ZSZH + 0.375 \times HYBZ) \times SHBH$$
$$(CR = 0.055 < 0.1) \qquad (5 - 19)$$

3. 知识产权保护子系统

高管的知识产权素质和外部知识产权保护力度会对企业的知识产权保护意识产生影响，而知识产权保护意识的加强激励了知识产权保护活动，进一步提升了知识产权保护水平，如式（5 – 20）所示。

$$ZSYS = 0.431 \times GTZS + 0.569 \times ZSLD(CR = 0.056 < 0.1) \qquad (5 - 20)$$

文化创意企业通过作品自愿登记、知识产权合同签署、过程风险防控以及司法和行政保护促进知识产权事先、事中与事后保护。上述过程中涉及的函数表达式如式（5 – 21）至式（5 – 26）所示。其中，作品自愿登记与企业知识产权保护意识成正比，用 k_0 表示正比例系数。函数关系权重通过层次分析法打分得出，括号内为评分结果的一致性检验。

$$SXBH = 0.515 \times ZYZB + 0.485 \times ZSHT$$
$$(CR = 0.065 < 0.1) \qquad (5 - 21)$$

$$SXLD = 0.417 \times ZSYS + 0.583 \times ZSLD$$
$$(CR = 0.033 < 0.1) \qquad (5 - 22)$$

$$ZYZB = k_0 \times ZSYS \qquad (5 - 23)$$

$$GCFX = 0.477 \times FXYY + 0.523 \times RCPZ$$
$$(CR = 0.046 < 0.1) \qquad (5 - 24)$$

$$FXYY = 0.366 \times ZSYS + 0.634 \times ZDNH$$
$$(CR = 0.086 < 0.1) \qquad (5 - 25)$$

$$ZSHT = 0.311 \times ZDNH + 0.336 \times ZSYS + 0.353 \times RCPZ$$

$$(CR = 0.027 < 0.1) \qquad (5-26)$$

知识产权事后保护力度不仅取决于企业内部自身的保护制度和维权措施，也取决于外部知识产权保护环境下创意产品的溢出程度。研究表明，若知识产权产品的技术（创意）含量较高，遭受模仿的概率就会有所降低，创新创意外溢和扩散程度随之下降，为企业知识产权保护创造了较好的现实条件。因此，事后保护力度可表示为行政与司法维权力度和创新创意非自愿溢出的乘积，如式（5-27）和式（5-28）所示。

$$SHBH = FZYC \times (1 - SXLD) \qquad (5-27)$$

$$FZYC = (1 - CYMF) \times (1 - ZSLD) \qquad (5-28)$$

最终，知识产权保护能力表达式如式（5-29）所示，相关权重赋值的一致性检验 $CR = 0.025 < 0.1$。

$$ZSBH = 0.406 \times SXBH + 0.394 \times GCFX + 0.200 \times SXLD \qquad (5-29)$$

4. 知识产权管理子系统

知识产权战略规划水平与知识产权能力相适应，且受到高管的知识产权素质的影响。知识产权战略规划水平的提升，有助于加强知识产权管理组织构架建设和加大人才引进力度，促进知识产权管理能力的发展。

其中，知识产权管理组织构架的完善有赖于知识产权人才配置水平和知识产权管理经费支出，而知识产权人才配置水平受地区知识产权人才储备水平、潜在人才可获得性的正向影响，如式（5-30）至式（5-34）所示。式（5-31）中的 k_1 表示人才引进力度与战略规划的正比例系数，式（5-32）中的 μ_3 是知识产权人才配置水平的标度因子，式（5-34）中的 θ_3、θ_4 分别代表知识产权管理经费支出的初始值以及将创新收益投入知识产权管理经费支出的比重。

$$ZLGH = 0.376 \times GTZS + 0.624 \times ZSNL$$

$$(CR = 0.038 < 0.1) \qquad (5-30)$$

$$RCYJ = k_1 \times ZLGH \qquad (5-31)$$

$$RCPZ = \mu_3 \times RCCB \times RCYJ \times QZRC \qquad (5-32)$$

$$ZZGJ = 0.312 \times ZLGH + 0.324 \times RCCB + 0.364 \times GLJF$$

$$(CR = 0.055 < 0.1) \tag{5-33}$$

$$GLJF = \theta_3 + \theta_4 \times CXSY \tag{5-34}$$

知识产权人才和高管将自身专业的知识产权素质融入知识产权制度建设中，并引导企业全员进行学习和培训，提升知识产权制度内化水平，如式（5-35）和式（5-36）所示。

$$ZDNH = 0.261 \times GTZS + 0.385 \times ZZXX + 0.354 \times RCPZ$$

$$(CR = 0.076 < 0.1) \tag{5-35}$$

$$ZSGL = 0.304 \times ZZGJ + 0.295 \times ZLGH + 0.401 \times ZDNH$$

$$(CR = 0.053 < 0.1) \tag{5-36}$$

5. 知识产权能力方程

知识产权创造能力、运用能力、保护能力和管理能力的提升对知识产权能力有正向影响，能力增量如式（5-37）所示，μ_4 表示能力增长速度的标度因子。

$$NLZL = \mu_4(0.246 \times ZSCZ + 0.321 \times ZSBH + 0.228 \times ZSYY + 0.205 \times ZSGL)$$

$$\tag{5-37}$$

能力衰减速度如式（5-38）所示，环境动荡性越大，知识产权能力面临损耗的风险越大。知识产权能力具有一定的发展惯性，在一定的环境动荡范围内仍能保持稳定性，只是会受到时间效应带来的折旧影响。参照张军等（2015）的研究，能力损耗量采用逻辑函数方式表达，如式（5-39）所示。

$$NLSH = IF \; ELSE \; THEN(HJDD \geqslant 0.7, ZSNL \times 0.07, ZSNL \times 0.03) \tag{5-38}$$

$$HJDD = RANDOM \; UNIFORM(0,1,0) \tag{5-39}$$

最终，知识产权能力等于能力增量与能力损耗量差值的积分和，加上初始值，如式（5-40）所示。

$$ZSNL = \int_{t_0}^{t} [NLZL(s) - NLSH(s)]\mathrm{d}s + ZSNL(t_0) \tag{5-40}$$

三 模型检验

（一）结构检验与量纲检验

仿真计算前需要对模型的科学性和合理性进行测试。一般而言，系统动力学模型的检验主要包括结构、量纲和数值拟合的检验。模型检验中初始设置如表 5 - 2 所示。

表 5 - 2 初始设置

变量	初始值	变量	初始值	变量	初始值	变量	初始值	变量	初始值
μ_0	15	QZRC	0.2	CYRC	0.5	α	0.4	θ_4	0.012
μ_1	1.2	ZZXX	0.5	HYYZ	0.5	β	0.5	k_0	0.87
μ_2	1.5	QZCY	0.08	HLJS	0.6	γ	0.1	k_1	0.68
μ_3	5	QZZS	0.08	JRFZ	0.5	δ	0.2		
μ_4	0.06	CXTR	0.43	PTJF	0.02	κ	0.2		
ZSLD	0.5	CYYF	0.46	ZSYY	209	θ_1	0.021		
CYMF	0.5	WBZS	200	GTZS	0.69	θ_2	0.013		
RCCB	1	WHDL	20	ZSLD	0.5	θ_3	0.048		

第一，进行结构检验和编码检验。在系统动力学模型中，模型结构的合理性和准确性相较于参数设置具有更重要的意义。在系统变量及函数关系建模过程中，本书借助 Vensim PLE 软件自带的"Check Syntax"和"Check Model"功能进行系统模型的结构检验和报错，根据系统运行不断调试，直至满足各种函数关系要求。同时，对函数关系的设置和调入的数据进行检验，以免漏填或错填，影响整个系统的运行。最终，模型通过了适应性检验。

第二，进行量纲检验。通过 Vensim PLE 软件自带的"Units Check"量纲检验工具对模型变量及量纲进行检查，模型通过量纲一致性检验，从而避免了无效方程，确保了参数的客观性和正确性。

（二）数值检验

变量仿真值与历史真实值的相对误差在 10% 以内表明模型有效（高航，

2016）。为此，本书以西安维真视界影视文化传播股份有限公司（简称"维真视界"）历年的数据为样本，运用系统动力学模型进行模拟。选取维真视界进行系统测试的原因在于，动力学模型中所涉及的要素及其关系在该企业知识产权活动中能够得到较好的展现，主要反映了以下六个方面。

第一，动漫企业是文化创意企业的典型代表，具有创意内容丰富、融合性强和技术含量高等特点。维真视界多年专注于动漫内容创作与运营，并于 2009 年获得"国家级动漫企业"荣誉称号，是国内最具影响力的动漫文化企业之一。

第二，维真视界知识产权资源丰富且类型全面，涵盖专利、著作权（包括软件著作权）、商标等多种类别。同时，拥有省级品牌和各类获奖作品。

第三，知识产权收入是维真视界主营业务收入的重要来源，且知识产权授权、许可和合作活动已经由国内扩展至国外。

第四，维真视界的高层高度重视知识产权保护工作，一方面通过作品自愿登记和知识产权合同签署加强确权和预先防范，另一方面与行政执法部门展开紧密合作，主要通过发放律师函、向行政部门（行业协会）投诉等途径打击侵权盗版行为。

第五，维真视界于 2011 年被文化部授予"西安国家级动漫公共技术研发服务平台"，具有资源集散、业务扩展和知识产权创业等功能，是企业开展人才培养、知识产权创造和技术推广的重要场所。

第六，体验营销是维真视界进行知识产权运营的核心内容之一，维真视界打造了"秦亲宝贝动漫主题馆"，提升了消费者的品牌认知度。

综合以上条件，维真视界符合本书系统动力学构架的基本要求，相关信息如表 5-3 所示。

表 5-3　主要历史数据

类别	具体项目	2013 年	2014 年	2015 年	2016 年
知识产权	作品登记数（件）	120	145	159	172
	软件著作权数（件）	—	—	5	4
	专利（项）	12	14	14	16 （2 项申请中）

续表

类别	具体项目	2013 年	2014 年	2015 年	2016 年
知识产权	商标（项）	10	24	31	88 （33 项申请中）
作品获奖	作品获得国家级奖项数量（项）	3	5	7	11
	作品获得地区级奖项数量（项）	2	4	4	5
事后维权	司法及行政维权数（起）	2	3	3	2
其他经费支出	内容（技术）平台经费支出占比（%）	—	—	2.06	2.52
	知识产权管理经费支出占比（%）	—	0.39	0.69	0.85
人力资本	创意研发人数（人）	43	49	25	37
	本科及以上学历人数（人）	20	28	28	35
	知识产权人才数（人）	2	3	3	3
知识产权经营	知识产权运营收入占比（%）	—	92.29	78.24	88.61
	知识产权授权许可收入占比（%）	—	0	36.41	15.03
	新产品利润同比增长率（%）	—	—	214	24

注：上述数据由维真视界董事会秘书、财务部门及行政部门联合提供，数据公开获得企业同意。

2013～2014 年企业系统更新导致部分数据缺失且记录方式有所调整，故模拟起止时间为 2015 年底至 2016 年底，模型时长 1 年，时间步长为 1 个月，使用 Vensim PLE 软件对知识产权能力运行模型进行仿真模拟。为适应企业实际数据，将模型中知识产权拥有量、创意研发人才、平台构建经费和知识产权管理经费支出的初始值分别设置为 209、0.46、0.0206 和 0.69%。表 5 - 4 展示了模拟数值与实际值的对比，数据偏差率最大为 4.24%，表明模型具有良好的复制能力，仿真数据是有效的。

表 5 - 4　主要变量模拟结果与实际值比较

变量	时间		变量	时间	
知识产权拥有量	6	12	作品获奖	6	12

续表

变量	时间		变量	时间	
模拟值/实际值	226.03/226	246.10/245	模拟值/实际值	4.08/3.94	4.46/4.30
偏差率	0.01%	0.45%	偏差率	3.43%	3.59%
知识产权管理经费支出	6	12	平台构建经费	6	12
模拟值/实际值	0.77%/0.74%	0.84%/0.85%	模拟值/实际值	2.36%/2.26%	2.43%/2.52%
偏差率	3.89%	-1.19%	偏差率	4.24%	-3.70%
知识产权资产运用	6	12	政府支持	6	12
模拟值/实际值	82.79%/81.23%	87.11%/88.61%	模拟值/实际值	2.37%/2.35%	2.61%/2.54%
偏差率	1.88%	-1.72%	偏差率	0.84%	2.68%

四　仿真实验与结果分析

（一）仿真方案设计

模型仿真是系统动力学模型应用的关键步骤，也是系统动力学的优势所在。通过改变模型编码完成不同条件下的系统实验，由此模拟各项政策措施的预期运行结果，为政策制定提供决策支持。下面，本书将依次呈现七组实验，分别包括改变企业内部因素的四组实验、改变内部影响变量组合的一组实验和改变外部因素的两组实验。其中，改变的内部因素包括创意研发人才、创新投入、高管的知识产权素质和潜在人才可获得性，而改变的外部因素包括外部知识产权保护力度和金融发展。为此，设计以下仿真方案，如表 5-5 所示。仿真起点为 2017 年初至年末，时间跨度为 1 年，时间步长取 1 个月。

表 5-5　仿真模拟设计

创意研发人才	创新投入	高管的知识产权素质	潜在人才可获得性	外部知识产权保护力度	金融发展
0.46	0.43	0.69	0.2	0.5	0.5
0.1~0.7	0.43	0.69	0.2	0.5	0.5

创意研发人才	创新投入	高管的知识产权素质	潜在人才可获得性	外部知识产权保护力度	金融发展
0.46	0.1~0.7	0.69	0.2	0.5	0.5
0.46	0.43	0.1~0.69	0.2	0.5	0.5
0.46	0.43	0.69	0.1~0.35	0.5	0.5
0.66	0.63	0.69	0.2	0.5	0.5
0.26	0.23	0.69	0.2	0.5	0.5
0.46	0.43	0.89	0.35	0.5	0.5
0.46	0.43	0.39	0.05	0.5	0.5
0.46	0.43	0.69	0.2	0.3~0.9	0.5
0.46	0.43	0.69	0.2	0.5	0.3~0.9

（二）仿真结果与分析

1. 实验一：改变创意研发人才

图5－7显示了改变创意研发人才的仿真结果，包括对知识产权拥有量［见图5－7（a）］、知识产权创造能力［见图5－7（b）］、知识产权运用能力［见图5－7（c）］及知识产权能力［见图5－7（d）］的影响。随着创意研发人才的不断增加，知识产权拥有量、知识产权创造能力、知识产权运用能力及知识产权能力也不断提升。这表明，创意研发人才是文化创意企业知识产权能力的主要影响因素之一。同时，随着时间推移，创意研发人才存量的增加能够通过扩张效应拉大企业知识产权能力的差距。这一

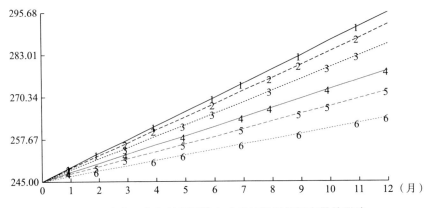

图5－7（a）　改变创意研发人才对知识产权拥有量的影响

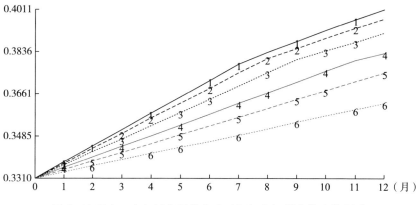

图 5 - 7（b）　改变创意研发人才对知识产权创造能力的影响

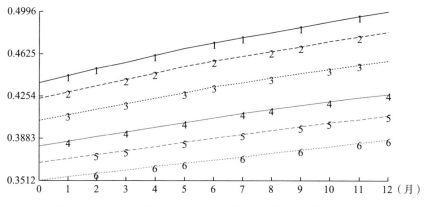

图 5 - 7（c）　改变创意研发人才对知识产权运用能力的影响

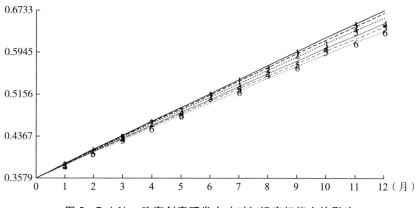

图 5 - 7（d）　改变创意研发人才对知识产权能力的影响

现象反映出创意研发人才对知识产权能力不仅具有积极的影响，而且其动态效应随着时间的增加而更加显著，揭示出创意研发人才的积累效应是边际递增的。此外，尽管知识产权创造能力和运用能力的提升幅度较大，但是知识产权能力的提升幅度相对偏小。原因在于，创意研发人才对知识产权管理能力和保护能力的作用在仿真期间内较小，使得知识产权能力的整体发展相较于子能力呈缓慢上升态势。由此说明，创意研发人才对知识产权创造能力和运用能力的影响更为显著。

2. 实验二：改变创新投入的初始值

图5-8显示了改变创新投入的仿真结果，包括对法权获取［见图5-8（a）］、知识产权创造能力［见图5-8（b）］、知识产权运用能力［见图5-8（c）］及知识产权能力［见图5-8（d）］的影响。在保证其他条件

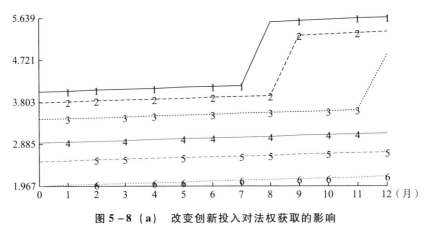

图5-8（a）　改变创新投入对法权获取的影响

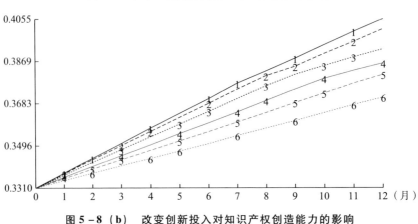

图5-8（b）　改变创新投入对知识产权创造能力的影响

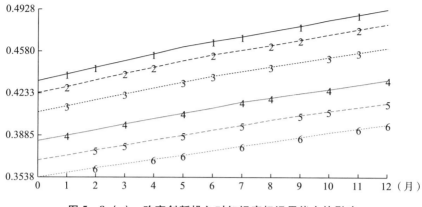

图 5 - 8（c） 改变创新投入对知识产权运用能力的影响

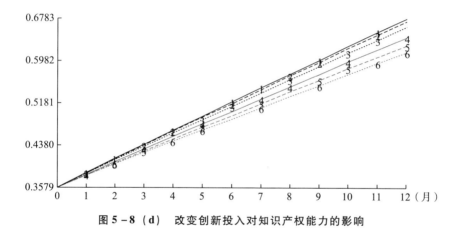

图 5 - 8（d） 改变创新投入对知识产权能力的影响

不变的情况下，持续增大创新投入能够促进法权获取，提升知识产权创造能力和运用能力，从而对知识产权能力产生积极影响。相较而言，创新投入对知识产权保护能力和管理能力的促进效应较弱。由此表明，创新投入对知识产权能力中创造子能力和运用子能力的影响更为显著。

同时，随着创新投入的不断增加，知识产权产出数量的增速明显加快，表现为法权获取量的跃升。当创新投入超过一定门槛后，知识产权创造数量会有显著提高，展现出创新投入的"门槛效应"。其原因在于，文化创意企业的创新活动具有高投入和高风险性，知识产权的复制成本（扩散成本）往往极低。因此，为了确保创新收益，企业需要保持一定的技术前沿性以增加模仿难度，从而带来对创新创意成果投入成本的高要求。

这一现象与现有研究结论较为一致（戴小勇等，2013；Wang，C. H.，2011）。

3. 实验三：改变高管的知识产权素质

图 5-9 显示了改变高管的知识产权素质的仿真结果，包括对知识产权保护能力 [见图 5-9（a）]、知识产权管理能力 [见图 5-9（b）]、知识产权运用能力 [见图 5-9（c）] 及知识产权能力 [见图 5-9（d）] 的影响。图 5-9 表明，高管的知识产权素质通过提升知识产权保护能力、管理能力和运用能力对知识产权能力产生正向影响。与此同时，随着仿真时间的推移，这种促进作用更为显著。这说明，高管的知识产权素质对知识产权能力具有积累效应。原因在于，高管的知识产权素质蕴含着大量的缄默

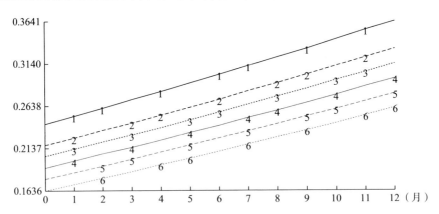

图 5-9（a） 改变高管的知识产权素质对知识产权保护能力的影响

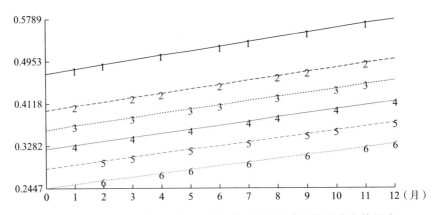

图 5-9（b） 改变高管的知识产权素质对知识产权管理能力的影响

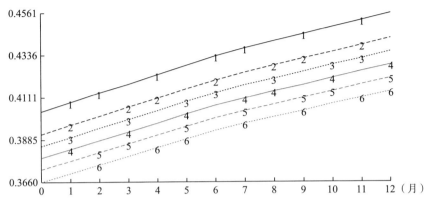

图 5-9（c）　改变高管的知识产权素质对知识产权运用能力的影响

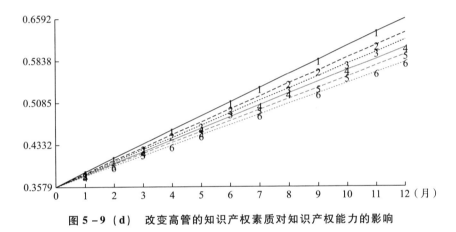

图 5-9（d）　改变高管的知识产权素质对知识产权能力的影响

知识和非常规经验，而隐性知识的历时积累通常贯穿于知识产权运营全过程，并对知识产权能力产生显著影响。

　　4. 实验四：改变潜在人才可获得性

　　图 5-10 显示了改变潜在人才可获得性的仿真结果，包括对知识产权管理能力［见图 5-10（a）］、知识产权保护能力［见图 5-10（b）］、知识产权创造能力［见图 5-10（c）］及知识产权运用能力［见图 5-10（d）］的影响。提升知识产权潜在人才可获得性，有助于提升知识产权制度内化水平，推动知识产权能力发展。

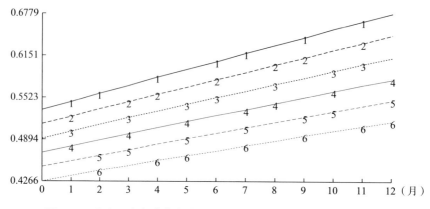

图 5 - 10 （a） 改变潜在人才可获得性对知识产权管理能力的影响

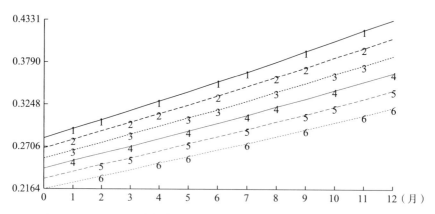

图 5 - 10 （b） 改变潜在人才可获得性对知识产权保护能力的影响

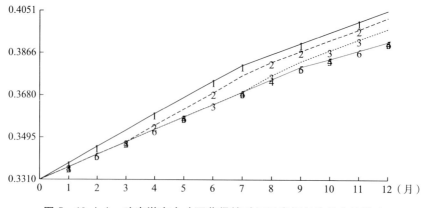

图 5 - 10 （c） 改变潜在人才可获得性对知识产权创造能力的影响

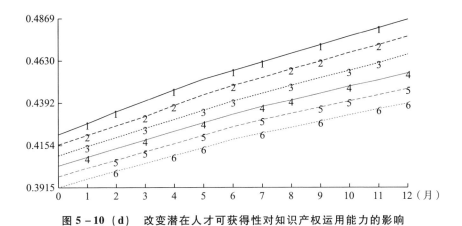

图 5 - 10（d）　改变潜在人才可获得性对知识产权运用能力的影响

5. 实验五：内部变量组合效应比较分析

实验一到实验四都是改变单变量的实验，实验五通过改变变量组合来考察内部变量对知识产权能力的作用。四个变量存在多种组合关系，在此仅考虑创新投入和创意研发人才、高管的知识产权素质和潜在人才可获得性两组变量的组合效应。之所以采取这种做法，原因在于第一组变量组合归类为核心生产要素，其影响侧重于知识产权创造和运用。而第二组变量归类为管理要素，偏重于对知识产权管理和保护的作用。为此，在不考虑组合变量内在关系的基础上，为每个变量设定高和低两个值，则每个组合各有四种情景，共计八种情景。

图 5 - 11 显示了改变创新投入和创意研发人才的仿真结果，包括对知识产权创造能力 [见图 5 - 11（a）]、知识产权运用能力 [见图 5 - 11（b）]、知识产权能力 [见图 5 - 11（c）] 及知识产权能力增长速度 [见图 5 - 11（d）] 的影响。一般而言，变量组合的效应主要包括相互增强、相互抵消和混合效应（江诗松等，2015），而创新投入和创意研发人才的组合效应属于相互增强效应。在创新投入和创意研发人才两者均高的条件下，知识产权创造能力高于基准模型（未改变参数的原始模型），并且产生了非线性特征。这表明，创新投入和创意研发人才的组合效应对知识产权创造能力的作用存在临界规模，即创新投入和创意研发人才一旦突破了临界规模，知识产权创造能力会迅速提升。在创新投入和创意研发人才两者均低的情况下，知识产权运用能力明显低于基准模型及其他参数条件下

的曲线，反映出创新投入和创意研发人才的同时降低会带来非常明显的负向影响。因此，注重兼顾创新投入和创意研发人才的积累，有助于企业在知识产权竞争中拉大与其他企业的差距，保持更大份额的独占性收益。

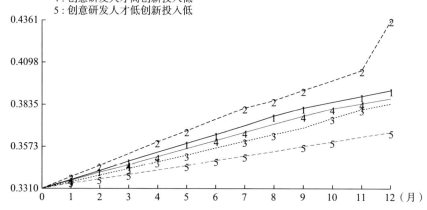

图 5－11 （a） 改变创新投入和创意研发人才对知识产权创造能力的影响

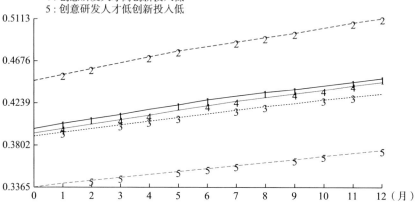

图 5－11 （b） 改变创新投入和创意研发人才对知识产权运用能力的影响

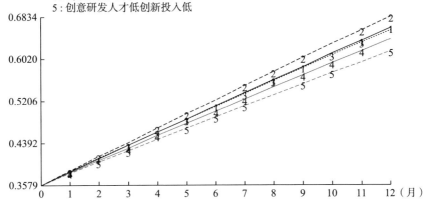

图 5 - 11（c）　改变创新投入和创意研发人才对知识产权能力的影响

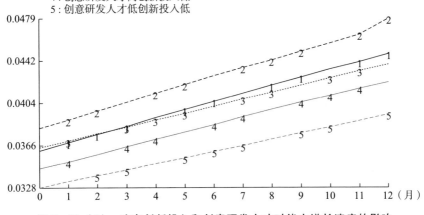

图 5 - 11（d）　改变创新投入和创意研发人才对能力增长速度的影响

　　图 5 - 12 显示了改变高管的知识产权素质和潜在人才可获得性的仿真结果，包括对知识产权管理能力［见图 5 - 12（a）］、知识产权保护能力［见图 5 - 12（b）］、知识产权运用能力［见图 5 - 12（c）］及知识产权能力［见图 5 - 12（d）］的影响。从图中能力曲线变化来看，高管的知识产权素质和潜在人才可获得性的组合效应属于相互增强效应。当高管的知识

产权素质和潜在人才可获得性均较高时，知识产权管理能力、保护能力和运用能力均有较大提升。同时，在知识产权管理能力、知识产权保护能力和知识产权能力的提升过程中，提升潜在人才可获得性所带来的正向效应并不能抵消高管的知识产权素质降低所产生的负向影响。同样，提升高管的知识产权素质也未能完全抵消潜在人才可获得性降低带来的消极作用。但是，在知识产权运用能力发展过程中，潜在人才可获得性提升的正向效应超过了高管的产权素质水平降低的负向效应。主要原因在于，从单变量仿真分析可知，潜在人才可获得性对知识产权运用能力的提升作用相较于高管的知识产权素质的影响更大。潜在人才可获得性能够通过完善知识产权管理组织构架和提升知识产权信息分析水平，促进知识产权运用能力发挥。而高管的知识产权素质主要作用于知识产权管理能力和保护能力，对知识产权运用能力的影响相对较弱。因此，潜在人才可获得性对知识产权运用能力的作用在组合效应中占主导。

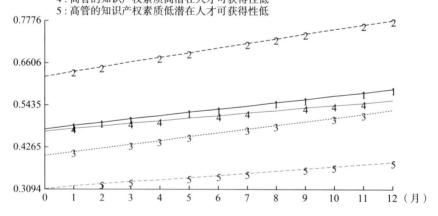

1：基准模型
2：高管的知识产权素质高潜在人才可获得性高
3：高管的知识产权素质低潜在人才可获得性高
4：高管的知识产权素质高潜在人才可获得性低
5：高管的知识产权素质低潜在人才可获得性低

图5－12（a） 改变高管的知识产权素质和潜在人才可获得性对知识产权管理能力的影响

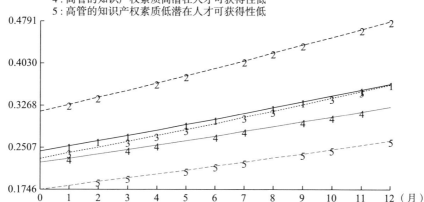

图 5 – 12（b）　改变高管的知识产权素质和潜在人才可获得性对知识
产权保护能力的影响

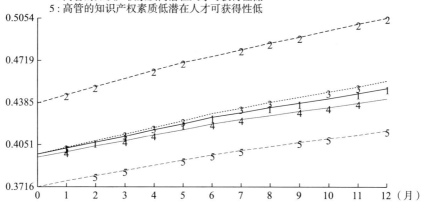

图 5 – 12（c）　改变高管的知识产权素质和潜在人才可获得性对知识
产权运用能力的影响

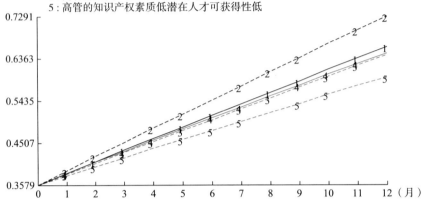

图 5 - 12 （d） 改变高管的知识产权素质和潜在人才可获得性对知识
产权能力的影响

6. 实验六：改变外部知识产权保护力度

在外部环境变量中，外部知识产权保护力度是企业知识产权政策制定
的重要考量因素。图 5 - 13 显示了改变外部知识产权保护力度的仿真结果，
包括对知识产权保护能力 ［见图 5 - 13 （a）］、知识产权管理能力 ［见图
5 - 13 （b）］、知识产权运用能力 ［见图 5 - 13 （c）］ 及知识产权能力 ［见
图 5 - 13 （d）］ 的影响。外部知识产权保护力度的加大有助于降低创新创

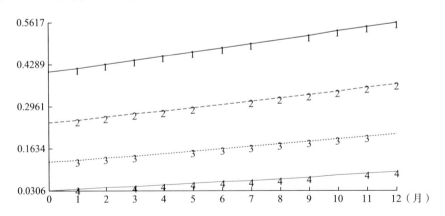

图 5 - 13 （a） 改变外部知识产权保护力度对知识产权保护能力的影响

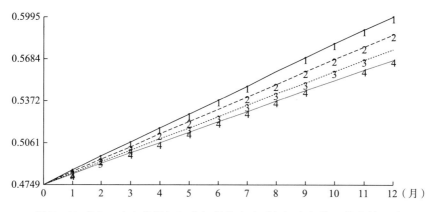

图 5 - 13 （b） 改变外部知识产权保护力度对知识产权管理能力的影响

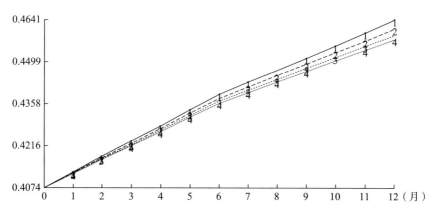

图 5 - 13 （c） 改变外部知识产权保护力度对知识产权运用能力的影响

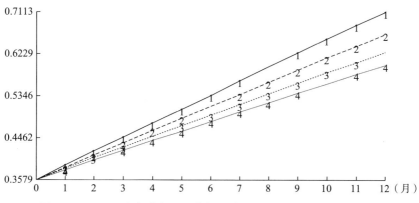

图 5 - 13 （d） 改变外部知识产权保护力度对知识产权能力的影响

意扩散风险，驱动企业加强知识产权制度的学习和内化，促使知识产权保护能力和管理能力持续提升，最终带来知识产权能力的提升。其中，外部知识产权保护力度对知识产权保护能力和管理能力的影响最为明显。原因在于，外部知识产权保护能够有效地引导和规范文化创意市场中知识产权资源的流通和配置，外部知识产权保护力度越大，越有利于提升企业知识产权保护活动和管理流程建设的系统性和科学性。

7. 实验七：改变金融发展

图 5 - 14 展示了改变金融发展的仿真结果，包括对知识产权运用能力［见图 5 - 14（a）］、知识产权能力［见图 5 - 14（b）］的影响。金融发展程度越高，企业面临的融资约束越低，越能为知识产权运营提供基础和空间，越能提升知识产权能力。

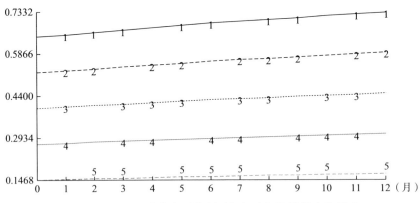

图 5 - 14（a）　改变金融发展对知识产权运用能力的影响

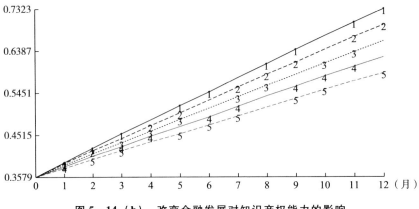

图 5 - 14（b）　改变金融发展对知识产权能力的影响

（三）主要结论

本章基于对文化创意企业知识产权能力及影响因素的理论框架分析，构建了知识产权能力系统的动力学模型。该模型包含知识产权创造、运用、保护和管理四个子系统，本章运用模型剖析了知识产权能力系统的主要因果反馈回路。进一步地，构建了系统流图和模仿方程，开展仿真实验。在仿真分析前，依次进行了结构性检验和量纲检验，并以西安维真视界为例展开了历史数据检验，主要变量的数据偏差率均未超过 5%，最大偏差率为 4.24%，表明系统拟合度较高。在此基础上，借助 Vensim PLE 软件对模型进行了仿真并开展了多种实验。具体而言，仿真分析了创意研发人才、创新投入、高管的知识产权素质、潜在人才可获得性、外部知识产权保护力度、金融发展以及部分变量的组合在知识产权能力发展中的作用。

仿真分析结果表明，在内部影响变量方面，创意研发人才和创新投入对知识产权能力的影响具有累积效应，主要通过促进知识产权创造和知识产权运用对知识产权能力产生积极影响；高管的知识产权素质和潜在人才可获得性主要通过促进知识产权管理和知识产权保护对知识产权能力产生积极影响；创意研发人才和创新投入的变量组合对知识产权能力的影响具有相互增强效应；高管的知识产权素质和潜在人才可获得性的变量组织对知识产权能力的影响也具有相互增强效应。在外部变量方面，外部知识产权保护力度对知识产权能力的促进作用主要体现在提升企业知识产权保护能力和知识产权管理能力；金融发展的正向影响体现在通过知识产权运用能力提升知识产权能力。更进一步的仿真分析结果还发现了一些非线性特征，即创意研发人才的累积效应是边际递增的；当创新投入超过一定程度时，法权获取数量有了显著提高，展现出创新投入的"门槛效应"；创新投入和创意研发人才的组合效应对知识产权创造的作用存在临界规模，即创新投入和创意研发人才一旦突破了临界规模，知识产权创造便会迅速增加，进而显著提升知识产权能力。

五　本章小结

本章遵循文化创意企业知识产权能力研究框架，在知识产权能力测度及影响因素研究基础上，建立了文化创意企业知识产权能力系统动力学模型。利用工具软件 Vensim PLE 进行仿真运行，揭示了文化创意企业知识产权能力影响因素的动态作用，深化了对文化创意企业知识产权能力内在规律的认识，探明了知识产权能力提升的路径，为后续章节提出文化创意企业知识产权能力政策建议奠定了基础。

| 第六章 |

研究结论与对策建议

本章通过系统梳理本书的研究结论，总结文化创意企业知识产权能力的现状、问题及能力提升的可行路径，分别从宏观层面和微观层面进行对策分析，以政策引导、企业主动创新和社会积极参与促进文化创意企业在知识产权创造、运用、管理和保护方面的能力建设，最终增强企业市场竞争力，进而实现文化创意产业创新与可持续发展。

一　研究结论

本书综合运用文献研究、多案例研究、专家审议、问卷调查、统计分析和系统动力学等多种方法，较为系统地研究了文化创意企业知识产权能力的内涵、构成及测度，深入探讨了知识产权能力的影响因素、动态作用机制和提升知识产权能力的现实路径。

（一）文化创意企业知识产权能力的内涵、构成及特性的学理性界定

本书基于企业能力理论和创意价值链研究界定了文化创意企业及其知识产权能力的概念，认为文化创意企业知识产权能力是以消费者精神、文化、娱乐需求为驱动，以知识资源、组织学习和创新为基础，在创意业务开展中围绕知识产权确权、保护、流通、消费过程而形成的，促进创意价值增值和竞争优势提升的一种动态能力，其本质是累积性知识。

上述概念界定表明，知识产权能力是知识资产和知识过程的组合，促进了企业开展创意业务，最终实现创意价值的转化与增值。由此说明，文

化创意企业知识产权能力发挥过程内含于知识管理和流程活动之中。因此，本书以知识管理理论为基础，分析了文化创意企业的知识产权能力构成。鉴于知识管理理论主要从知识流程和基础管理层面解读知识活动及核心能力发展，故本书将文化创意企业的知识产权能力构成划分为流程和基础管理两大类，流程能力包括知识产权创造能力、保护能力和运用能力，而知识产权管理能力则为知识产权流程能力提供战略导向、组织基础和制度保障。进一步地，考虑到现有研究对知识产权能力及其构成要素的剖析未能体现创意活动特征，因而本书在创意价值实现的导向下对文化创意企业知识产权能力的构成要素进行了深入解读与阐释。同时，基于知识产权能力概念及构成的分析，本书指出文化创意企业知识产权能力存在外生驱动性、内生成长性、延展性、跨界扩张性、非线性涌现性和路径依赖性六个方面的典型特性。

（二）构建以创意增值为导向、以能力构成为基础的测度指标体系

文化创意企业的知识产权能力是以知识管理活动为基础、以促进创意价值实现为导向，知识产权能力体现在创意价值的创造和转化过程之中。因此，本书认为，知识产权能力测度研究应该综合创意流程和基础管理中的关键观测点进行考察，以此明晰指标筛选和体系构建。文化创意企业知识产权能力的构成要素在创意价值生成、保护、扩散和转化中起着重要的支撑作用，不仅是创意增值的主要发力点，也决定着知识产权能力的整体水平。因此，应该以能力构成为基础进行文化创意企业知识产权能力指标筛选与确立，这与当前越来越多的学者从能力构成视角进行测度研究的趋势相契合。通过备选指标确立、专家审议和实证研究发现，本书所构建的文化创意企业知识产权能力测度指标体系具有一定的科学性和合理性，能够较为真实地反映企业的知识产权能力，为今后建立一套较为科学合理的文化创意企业知识产权能力测度指标体系提供了实践经验和理论借鉴。

在知识产权能力综合得分方面，调研企业的知识产权能力总体较为薄弱，尚存较大的提升空间，反映出当前文化创意企业仍然处于起步发展阶段，这一结果与现实情况较为相符。具体到各个能力构成要素得分，在知识产权创造方面，文化创意企业的自主知识产权正在不断涌现，但是内容原创力、技术创新、科文融合未能得到充分重视和体现，在一定程度上抑制了知识产权质量水平的提升。在知识产权保护方面，企业维权意识正在逐渐形成，但是知识产权保护行为更倾向于被动防御，忽视了知识产权前端保护先行和法务人员全过程参与机制建设的重要性，缺乏争议处置手段和实务经验。在知识产权运用方面，企业之间呈现较为明显的两极分化趋势，形成"强者更强"的马太效应。其中，少数企业商业运营能力较强，而大多数企业存在对知识产权信息运用重视不足、知识产权商业运营不活跃、行业主导地位未能确立等问题，影响企业创意收益转化和市场垄断地位的取得。在知识产权管理方面，得分分布相对集中。部分企业能够通过完善知识产权战略规划、管理制度和组织构架对知识产权工作进行较为系统的规划和统筹。但是，超过半数企业尚未涉及战略性布局，且普遍缺乏组织保障和专业人员。这与当前文化创意企业总体处于知识产权能力发展的初期阶段有关。相应地，知识产权管理制度也欠缺规划性、系统性，特别是在管理部门规章设置、资产评估、业务部门协调等方面有待加强。

（三）资源、能力及外部环境因素对知识产权能力具有复杂的影响

基于已有文献对知识产权能力影响因素的识别，借鉴创意价值链驱动因素的研究，本书构建了资源、能力和外部环境三个层面共11个影响因素的理论模型。其中，资源层面的因素主要包括创意研发人才、高管的知识产权素质、创新投入和关系网络；能力层面的因素包括组织学习能力、体验营销能力和平台能力；外部环境层面的因素包括外部知识产权保护、政府支持、金融发展和文化地理禀赋。

在企业资源层面，创意研发人才、高管的知识产权素质、创新投入和关系网络对知识产权能力具有显著的正向影响。其中，创意研发人才和创新投入的回归系数在模型检验中普遍高于其他影响因素，表明两者对知识产权能力的作用较大，反映出当前文化创意企业知识产权能力的发展主要依靠创意研发人才投入和创新支出获得动力。在企业能力层面，组织学习能力、平台能力和体验营销能力均具有显著的正向影响。其中，组织学习能力对文化创意企业知识产权能力的影响在1%的统计性水平下显著且影响系数在能力层面因素中最大，平台能力和体验营销能力的正向作用分别在10%和5%的统计性水平下显著。同时，能力层面因素的边际贡献总体低于资源层面因素，说明当前文化创意企业还处于以资源投入驱动知识产权能力提升的时期，还应该加强对组织学习能力、平台能力和体验营销能力的培育。在外部环境层面，政府支持和文化地理禀赋是影响知识产权能力的关键因素，其正向效应分别在10%和1%的统计性水平下显著。而外部知识产权保护和金融发展具有正向但不显著的促进作用，表明文化创意产业整体缺乏较为规范和全面的知识产权立法和行政监督，保护力度有待加大，维权水平有待提升。金融发展的拉动作用并不显著，这与地区银行放贷政策保守、第三方贷款和知识产权评估融资体系不成熟有关，未能充分和有效地解决文化创意企业知识产权运作的资金约束问题。

（四）知识产权能力是内外变量及其能力构成相互作用的复杂动态系统

本书基于文化创意企业知识产权能力的总体研究框架构建了系统动力学模型。首先，剖析了知识产权能力系统的因果反馈回路，发现通过提高企业知识产权战略规划水平、增加创新投入、强化知识产权制度内化、注重外部知识产权获取、加大知识产权管理经费支出、提升平台能力和体验营销能力，能够提升知识产权能力，从而揭示了相关影响因素作用于知识产权能力的循环通路。其次，构建了系统流图和模仿方程，开展仿真实验。在仿真分析前，依次进行了结构性检验、量纲检验和历史数据检验，结果显示系统能够较好地反映文化创意企业知识产权能力系统的动态运作过程。最后，借助Vensim PLE软件对该模型进行仿真并开展了多项实验。

在内部影响变量方面，创意研发人才和创新投入的正向影响具有累积效应，主要通过促进知识产权创造和运用发挥作用。高管的知识产权素质和潜在人才可获得性主要通过促进知识产权管理和知识产权保护对知识产权能力产生正向推动作用。在外部变量方面，外部知识产权保护力度的促进作用主要体现在提升企业知识产权管理能力和保护能力；金融发展的正向影响表现在通过知识产权运用能力提升知识产权能力。更进一步的仿真分析还发现了一些非线性特征，即创意研发人才的累积效应是边际递增的；当创新投入超过一定程度时，法权获取数量有了显著提高，展现出创新投入的"门槛效应"。此外，变量组合对知识产权能力具有相互增强效应，创新投入和创意研发人才的组合对知识产权创造的作用存在临界规模，即创新投入和创意研发人才一旦突破了门槛标准，知识产权创造便会迅速增加，从而显著提升整体知识产权能力。高管的知识产权素质和潜在人才可获得性的变量组合对知识产权能力的影响也具有相互增强效应。

二　文化创意企业知识产权能力提升的对策

基于文化创意企业知识产权能力的现状、问题及提升路径，围绕知识产权创造能力、保护能力、运用能力和管理能力进行对策分析，保障知识产权能力提升的系统性和连贯性。

（一）微观层面对策

1. 增加创新投入、注重创意研发人才和构建关系网络，提升知识产权创造能力

第一，加大创新支出，促进技术研发和打造精品力作。当前，文化创意企业对资金支持的需求普遍较高，且知识产权转化面临着比传统行业更大的市场风险，不少企业对投入成本较为敏感。尽管国家、地方政府不断加大对文化创意产业创新活动的补贴力度，但文化创意企业的创新投入仍然不足，知识产权质量和转化水平整体偏低。为此，文化创意企业应该进一步加大创新投入，尤其是增加新媒体发展的资金投入，以改变企业新媒体、新技术基础薄弱的现实，更好地促进新旧媒体融合，积极拓展知识产权产品和服务的多样性，培育出更多符合时代需求的作品并塑造企业品牌。

第二，注重创意研发人才培训与积累，强化人才协作和创新激励机制。创意研发人才是文化创意企业知识产权活动的核心主体，对企业知识产权能力具有重要的促进作用。因此，企业应该加大人才培养和投资力度。例如，与各大高等院校展开联合培养和人才引进计划，共建研究基地、研发中心、创意实验室、实训基地等，通过学科教育、职业培训与职业认证等多种途径吸纳和汇聚各方优秀人才，从整体上增加文化创意企业的知识存量，提升创意水平和文化素养，推动企业自主创新和知识产权能力可持续发展。同时，积极形成新锐人才、青年人才、网络人才和专业技术人才相互协作的创作机制，不断完善创新奖赏机制，畅通人才交流、优化人才配置和增强创新主动性，增加内容和技术的源头储备，为知识产权能力发展奠定良好的基础。

第三，积极构建关系网络，增加企业信息、资本和知识渠道的积累，促进知识产权获取和自主创造。通过与外界建立互助信任的社会关系，形成沟通协商、信息共享、合作创造的知识产权协同合作机制，以项目采购、条件互惠、联合维权、合作授权等形式，为知识产权创造提供基础条件。此外，与知识产权中介服务机构、行业协会、相关职能管理部门积极开展版权价值分析、专利评估等合作，培养"百眼巨人"，从信息化社会中获得有价值的知识，合理规划知识产权开发的布局和方向，保障前景知识产权成果的合法取得。

2. 强化企业知识产权保护意识、培育知识产权专业人才和加强争议处置，提升知识产权保护能力

第一，强化企业知识产权保护意识，建立健全事先保护制度和风险防范机制。积极开展相关宣传与引导，培养企业全员形成尊重知识产权、保障产权权属合法获得的组织惯例，建立和完善知识产权合同签署、作品自愿登记等事先保护规范，充分获得并有效保护各种形态的知识产权。同时，注重综合地、全方位地运用知识产权制度进行风险防范，如在人力资源流动、职务与非职务发明成果权属、竞业限制协议、产权扩散危机防范、合同自我保护等方面进一步细化和完备，并对风险扩散进行跟踪、调查取证、提出警告，依法维权，最大限度地降低产品侵权行为带来的损失。

第二，注重引进和培育知识产权人才。实践表明，企业通过形成规划科学、目标明确、职责清晰、稳步推进的知识产权人才政策体系和健全激励机制，能够加快形成涵盖法务、运营、管理等多方位的专业队伍。相关措施主要包括：制定公平的知识产权成果收益与技术入股政策，设立人才专项资金、岗位津贴奖励、有偿技术服务奖励基金等，并将知识产权指标纳入个人绩效考核、职称评审和名誉称号授予方面。

第三，学习和积累知识产权诉讼经验和争议处置策略，增强企业开展行政保护和司法保护的能力。随着知识产权运作主体数量更大、范围更广，产权风险也在增加，需要明确具体界限的疑难案件比例不断提升，涉及争夺市场的热门著作权、专利、技术秘密和商标案件的仲裁结果对企业切身利益越来越具有重大影响。因此，应该增加企业在知识产权诉讼和争议处理方面的实务经验。同时，注重与政府职能部门、行业协会、知识产权中介服务机构等开展交流与合作，共同推进知识产权保护策略的科学建立和有效运作，提升企业有效维权和遏制竞争对手的能力。

3. 提升知识产权信息化水平，注重体验营销和平台打造，提升知识产权运用能力

第一，充分运用技术手段提高文化创意企业知识产权信息化和标准化水平，促进创新资源快速进入知识产权交易市场。具体而言，首先，建立和完善文化创意企业知识产权登记及数据统计、报送和公布制度。其次，积极构建文化创意产业知识产权综合性信息系统。通过推进企业作品登记、计算机软件登记、合同登记、质权登记等各项工作，有效发挥相关信息在知识产权交易、资产评估、融资等方面的作用。最后，升级和再造现有网络知识产权信息监控系统，开发和形成文字、视频、音频三位一体的信息监控平台，为企业开展知识产权网络监控、市场监控提供全天候的信息搜索、整理和提取功能，实现科学决策和有效预期。

第二，注重培养体验营销能力，促进知识产权持续物化、转化和价值共创。首先，营造充满吸引力的体验氛围，增强消费者与企业品牌的互动参与和情感承诺，引导消费者将自身知识、技能、经验投入到创意、策划、生产和销售的过程中，创造优质、契合消费者精神需求的原创精品，获得更高的价值。其次，精心打造一系列事件和场景，使消费者真正浸入到情境之中，增强消费者与品牌社群的联结和彼此间的信任，激励消费者转变为企业品牌的忠实拥护者，传播市场口碑和积累产品信誉度，为知识产权持续转化奠定良好的市场基础。最后，不断促进企业与消费者保持积极的沟通交流，探寻新的概念、设计，结合时代精神和消费需求打造品牌形象和提供个性化服务，创造具有巨大市场潜力的知识产权产品或服务，

促进知识产权商业化水平不断提升。

第三，推动基于新技术、新平台的创意策划、制作、传播和消费，发挥知识产权长尾效应和品牌规模效应。首先，构建完善的平台运行规则，丰富平台产品，强化内容建设和服务管理，吸纳更多商业成员和渠道成员参与，开发 IP 流通、交易和体验的新途径、新形态，形成文学、出版、动漫、影视、游戏、网剧、网络大电影等娱乐内容形态的协同发展。其次，在"互联网＋"背景下，加强以新媒体、新技术为基础的内容（技术）平台建设，积极将企业知识产权与网络、手机、电视等数字终端紧密结合，整合网剧、电视剧、电影、动漫、游戏和电商等资源，进一步完善产业链条，为知识产权转化提供综合性的市场链接载体和衍生场所。再次，积累与合作流程、产业链协作、赢利模式和资费模式有关的实践经验，促进企业对现有知识产权产品和服务进行改进或创新，创造出更为优质的原创精品和便捷高效的营销模式。最后，应用大数据、云计算等新技术对平台流量、用户信息等进行采集分析，实现对知识产权产品市场的精准定位和信息推送，在节约营销成本的同时进一步扩大知识产权产品覆盖的受众人群。

4. 提高知识产权战略规划水平和高管的知识产权素质，提升知识产权管理能力

第一，强化认知、摸清家底，系统开展知识产权战略规划和管理。通过不断推进法律制度学习、邀请专家培训等，促使企业全体员工明晰何为知识产权及其具体的价值。特别是当前国家提出努力推动知识产权事业发展的奋斗目标和重大举措，企业高层管理者应紧跟形势，具备专家型管理水平，明确能做什么、要做什么。

第二，增强高管的知识产权素质，提升企业知识产权制度内化和管理水平。通过知识产权系统规划和深度分析，厘清企业发展的脉络。同时，以高度的领导力带领企业全员投入知识产权制度培训和学习之中。通过掌握各个关键创意环节、技术节点的知识产权知识，内化知识产权制度和完善知识产权流程，形成契合企业现阶段知识产权战略要求的制度和操作规范。尤其是在明确产权归属、激励职务发明、解决纠纷、知识产权运营、

无形资产评估等方面，加强思想认识和制度学习，建立覆盖创意、研发、生产、经营、销售全过程的知识产权管理制度体系。

（二）宏观层面对策

1. 加大知识产权专项奖励、原创专项补贴和重大项目支持力度，制定契合文化创意企业创新特征的税收优惠政策，激励企业自主知识产权创造

第一，成立知识产权专项奖励资金和原创专项补贴，对知识产权产品"走出去"、作品获奖等给予表彰和适当的财政补贴，特别是给予版权输出和海外获奖的作品奖励，推动企业内容输出和原创质量提升。第二，设立各种内容生产、技术创新的重大项目资金支持和专项发展基金，如在"互联网＋"和"智慧城市"战略下进行知识产权数字化转型及影音视频网站的内容建设等，促进企业"触媒"创作和信息技术开发，提升科文融合产品的价值。第三，不断修正和完善相关税收减免等优惠政策，推动文化创意企业知识产权生产实践。例如，由于文化创意企业的研发活动与高新技术企业有所区别，其创作、策划等研发投入由于未能符合工业企业核算标准而难以享受税收减免或者得到税收反补，在一定程度上抑制了文化创意企业的创新投入和自主知识产权创造。因此，应该在税收政策中明确文化创意企业可纳入"三新开发费"允许列入税前加计扣除的范围。再如，动漫企业主要靠衍生产品的生产和再创造获利，但是动漫衍生品需按17％的税率缴纳增值税，并且可抵扣的进项税额较少，导致企业衍生品加工和创造的负担较重而缺乏创新动力。由此可见，制定契合文化创意企业创新特征的税收优惠政策，已经成为促进企业知识产权创造的迫切要求。

2. 发挥文化精品（技术工程）项目的带动和示范效应，引导企业深入挖掘和转化文化地理禀赋，打造本土经典IP和孕育原创IP

通过开发一批文化精品项目、创作特色项目、地方文化扶持项目、"互联网＋"重大项目、文物文化技术工程项目等，引导企业充分发挥地区历史文化积淀的优势，在创造与保护并行、挖掘和开发并重的原则下，提炼和转化地理历史文化、特色文化、民风民俗、非物质文化遗产、景观符号等文化资源，为创意理念、内容、题材、形式、方法、手段和业态赋

予新的文化品质和文化底蕴，增强企业的文化原创力、科技创新能力，打造本土经典 IP 和培育原创 IP，不断满足消费受众对文化创意产品精神层面和功能层面的要求。

3. 建立文化创意产业"严保护、大保护、快保护"的制度格局

良好的知识产权制度环境是文化创意企业持续创新的生命线和护身符，也是企业 IP 运营和管理的重要依据。为此，国家和地方各级政府应该严惩侵权盗版、伪冒假造等违法行为，改善知识产权营销环境，提升文化创意企业维权的积极性，促进文化创意企业知识产权能力发展和创新繁荣。同时，引导各类知识产权专业法的协调运作和多样化大保护。加强版权、专利、商标等法律法规体系建设，完善法院知识产权民事、刑事、行政案件"三审合一"审判工作机制。此外，积极倡导对侵权盗版的快速执法和对争议纠纷的快速解决。建立围绕著作权、专利和商标等重点领域的集体快速审查、快速确权和快速维权中心，探索形成侵权判定咨询机制、知识产权行政执法工作协调机制和专利纠纷快速调解机制，形成行政、民事和刑事的综合力量，提升知识产权纠纷解决的效果和速度。

4. 发展和创新国家及地区知识产权金融服务，引导资本市场对接知识产权领域，促进文化创意企业开放性参与知识产权评估、投融资和质押收购

现阶段知识产权金融服务仍然不能有效缓解文化创意企业融资慢、难度大等问题，为了充分发挥金融服务的资金支撑作用，相关举措应该围绕以下三方面展开：一是鼓励和尝试投贷联合、投保联合、投债联合、专利保险等新型金融形式，加强政企、银企、政银、政保等多方合作，逐步建立常态化的知识产权金融市场机制；二是借助互联科技的众筹模式和共享经济，积极引入市场资金和民间资本，保障融资、投资、收购和合作的开放性参与，实现资本市场对接，为企业可持续发展解决资金问题；三是推动保险公司、证券公司、银行、风险投资机构等开发更多适合文化创意企业的险种、贷款形式和风投项目，比如版权侵权责任险、商标险、质押融资等，帮助文化创意企业降低成本利息和提高资本收益。

三　未来展望

文化创意企业知识产权能力研究是一个富有理论价值和实践意义的重要议题，但是已有文献尚未进行深入而系统的探讨，因此本书具有一定的研究意义。总体而言，通过对文化创意企业知识产权能力内涵、构成、测度、影响因素及其动态作用机制的系统分析，本书构建了文化创意企业知识产权能力研究的基本理论框架，并开展了一系列实证研究，达到了预期的研究目标，也得到了一些具有启发性的结论。但是，由于主观的研究能力和客观条件等限制，研究过程中存在有待深化或完善之处，在未来的工作中需要进一步努力。

首先，不断细化、修正和完善知识产权能力测度指标体系。尽管学术界在知识产权能力测度方面取得了进步，但至今为止，对于文化创意企业仍然没有一个公认的知识产权能力测度体系。原因在于文化创意企业知识产权能力测度体系具有特质性，不能完全照搬旧有的测度指标。本书所构建的文化创意企业知识产权能力测度指标体系考虑了文化创意企业创新及知识产权活动的独特特征，是一个有意义的初步尝试。为了完善和细化文化创意企业知识产权能力指标，可在以下三个方面进行深入的研究和探讨。第一，文化创意产业是一个新兴产业，新业态、新形式、新门类不断涌现，需要持续跟进产业发展，结合行业发展的动态情况对指标体系进行修正。第二，本书的调研地区局限于陕西省内企业，企业知识产权行为和能力测度可能受到本土特点的影响。因此，研究结论对其他地区企业的适用性有待进一步验证。第三，在数据获取方面，虽然本书通过实地调研和调查问卷取得了较为丰富的数据，但仅采用一年的数据作为测度依据。未来研究应当开展多年度的数据采集工作，综合计算评价指标，以更好反映企业知识产权能力的发展趋势。

其次，探索和识别更多体现文化创意企业特质性的影响因素，系统深入地分析各因素的相互作用对知识产权能力的影响。由于文化创意企业知识产权能力的影响因素涉及生产经营的各个环节，相关因素及其影响渠道是多样和复杂的，因此，理论框架还需进一步扩展。未来研究可围绕以下两个方面展开。第一，企业资源层面、能力层面和外部环境层面的因素之间存在相互作用，但是在实证研究中并未综合考虑各个层面因素的相互作用对知识产权能力的影响。例如，在资源层面因素中，创新投入不仅直接影响知识产权能力，也在一定程度上通过组织学习能力发挥间接作用。因此，有必要在未来研究中将影响因素之间的相互作用纳入分析框架，分析各个因素的多重交互性及其对文化创意企业知识产权能力的影响机制。第二，不断增加样本量和扩大样本范围，增强研究结论的普适性。

再次，进一步完善文化创意企业知识产权能力系统的仿真模型，更充分地探讨知识产权能力的动态发展及其因素的影响。本书基于文化创意企业知识产权能力研究的理论框架，运用系统动力学方法揭示了文化创意企业知识产权能力影响因素的作用机制和传导路径，是对知识产权能力提升路径分析的一次有益尝试。未来研究还应该在以下三个方面不断改进和完善：第一，补充数据，修正模型结构，不断提高模型的精确性；第二，不断探索和更新模型，通过相关文献或者现象观察修正模型结构及方程设定，以更好地展现平台能力、体验营销能力等因素的作用过程；第三，尽管仿真方法能够揭示各个变量之间的作用关系以及动态发展趋势，但是存在一定程度上的复杂情境简单化和抽象化现象，外部效度较低，因此仿真方法得出的结论有待在实证研究中进一步检验。

最后，不断丰富、拓展和完善文化创意企业知识产权能力研究的理论框架。已有研究并未从能力视角对文化创意企业知识产权活动进行系统探索，相关理论依据也未得到充分的揭示和阐述，本书的研究构架具有一定的创新性，同时也存在修正、改进和丰富的空间。因此，未来应该致力于深化知识产权能力研究在文化创意领域的发展，衍生出一系列更为细致和多元的研究议题，全面构建文化创意企业知识产权能力研究体系，为文化创意企业创新繁荣提供更为详尽和系统的理论指导。

参考文献

白彦壮、郭蕾、殷红春：《企业家精神驱动下自主知识产权品牌成长机制研究——以小米科技为例》，《科技进步与对策》2015 年第 12 期。

〔美〕彼得·德鲁克、顾信文：《知识就是一切——彼得·德鲁克论下一个社会》，《国外社会科学文摘》2002 年第 1 期。

陈劲、斯亚奇、谢芳：《企业知识产权价值实现的动态选择》，《科学学与科学技术管理》2011 年第 11 期。

陈伟、杨早立、刘锦志、周文：《"功能"与"协调"共驱的专利密集型产业专利能力测度》，《科学学研究》2015 年第 6 期。

陈伟、于丽艳：《我国企业国际化经营知识产权战略系统评价研究》，《科技进步与对策》2007 年第 12 期。

池仁勇、潘李鹏：《企业知识产权能力演化路径——基于战略导向视角》，《科研管理》2017 年第 8 期。

池仁勇、潘李鹏：《知识产权能力、外部知识产权保护强度与企业成长性》，《科技进步与对策》2016a 年第 1 期。

池仁勇、潘李鹏：《知识产权能力构成、内外影响因素与企业成长——内力驱动，还是外部推进?》，《科学学研究》2016b 年第 1 期。

戴小勇、成力为：《研发投入强度对企业绩效影响的门槛效应研究》，《科学学研究》2013 年第 11 期。

邓翠薇、陈家宏：《企业知识产权能力实证研究——以四川省知识产权示范企业为例》，《科技管理研究》2014 年第 4 期。

董凤华、姚英春：《文化创意产业中的知识产权保护问题与对策》，《人民论坛》2012 年第 32 期。

董舒翼、舒华英：《通信业知识产权影响因素解释结构模型分析》，《北京邮电大学学报》2011 年第 S1 期。

董晓芳、袁燕：《企业创新、生命周期与聚集经济》，《经济学》（季刊）2014 年第 2 期。

董雪兵、史晋川：《累积创新框架下的知识产权保护研究》，《经济研究》2006 年第 5 期。

冯楚建、唐恒、付丽颖：《医药企业知识产权管理与绩效分析——基于国家高新技术开发区的调查》，《科技进步与对策》2012 年第 3 期。

冯忠垒、陈圻：《专利保护和市场需求规模对事前被许可企业自主创新投资决策的影响》，《工业技术经济》2009 年第 6 期。

高航：《政府舆情应对能力系统动力学建模与仿真研究》，《情报科学》2016 年第 2 期。

顾晓燕：《中国高技术产业知识产权创造影响因素的实证检验》，《经济学家》2012 年第 11 期。

郭秀芳：《黑龙江省高技术企业知识产权能力研究》，《经济研究导刊》2015 年第 8 期。

韩玉雄、李怀祖：《关于中国知识产权保护水平的定量分析》，《科学学研究》2005 年第 3 期。

何琦、高长春：《论创意产品的价值特征与价值构成——基于市场价值实现视角》，《商业经济与管理》2013 年第 2 期。

贺和平、刘雁妮、周志民：《体验营销研究前沿评介》，《外国经济与管理》2010 年第 8 期。

胡保亮：《商业模式、创新双元性与企业绩效的关系研究》，《科研管理》2015 年第 11 期。

胡晓鹏：《基于资本属性的文化创意产业研究》，《中国工业经济》2006 年第 12 期。

胡颖慧、陈伟：《高技术企业自主知识产权创造自组织机制及协同竞争模型研究》，《科技进步与对策》2013 年第 3 期。

黄卫国、宣国良：《知识价值链》，《情报科学》2006 年第 3 期。

黄先蓉、刘玲武：《刍议媒介融合背景下传统媒体版权困境及保护路径》，《科技与出版》2015 年第 12 期。

黄晓斌、梁辰：《质性分析工具在情报学中的应用》，《图书情报知识》2014 年第 5 期。

黄学、刘洋、彭雪蓉：《基于产业链视角的文化创意产业创新平台研究——以杭州市动漫产业为例》，《科学学与科学技术管理》2013 年第 4 期。

黄永春：《企业自主知识产权名牌成长的内涵解析——基于品牌竞争力理论》，《科技与经济》2011 年第 3 期。

黄蕴洁、刘冬荣：《知识管理对企业核心能力影响的实证研究》，《科学学研究》2010 年第 7 期。

姬春：《提升地方农业高校知识产权创新能力的研究》，《农业科研经济管理》2017 年第 2 期。

贾俊生、伦晓波、林树：《金融发展、微观企业创新产出与经济增长——基于上市公司专利视角的实证分析》，《金融研究》2017 年第 1 期。

江诗松、龚丽敏、徐逸飞、徐思雅：《转型经济背景下国有和民营后发企业创新能力的追赶动力学：一个仿真研究》，《管理工程学报》2015 年第 4 期。

姜南、朱国华：《加强中小企业知识产权能力建设研究》，《现代管理科学》2011 年第 10 期。

姜岩岩、恽如伟、孙玉芳、闫荟、邱华青：《苏南动漫产业原创能力状况及对策研究——2009 年苏、锡、常、宁动漫基地调查研究报告》，《特区经济》2010 年第 5 期。

金元浦：《我国当前文化创意产业发展的新形态、新趋势与新问题》，《中国人民大学学报》2016 年第 4 期。

雷蔚真、刘佳：《内容聚合与关系扩散：社会化媒体的开放平台构建分析——YouTube 网站的热播视频为例》，《现代传播》（中国传媒大学学报）2012 年第 4 期。

李柏洲、徐广玉、苏屹：《基于组合赋权模型的区域知识获取能力测度研究——31 个省市自治区视阈的实证分析》，《中国软科学》2013 年第 12 期。

李黎明、刘海波：《知识产权运营关键要素分析——基于案例分析视角》，《科技进步与对策》2014 年第 10 期。

李蓉、肖延高、王晓明：《全球化背景下我国企业的自主知识产权能力建构分析》，《电子科技大学学报》（社科版）2007 年第 1 期。

李为：《文化创意产业的融资困境》，《中国金融》2016 年第 6 期。

李伟、陈青蓝：《基于知识产权能力的企业专利综合评价指标体系》，《科技管理研究》2011 年第 12 期。

李伟：《基于复杂性科学的企业专利能力影响因素分析》，《系统科学学报》2010 年第 3 期。

李文丽、许正良：《企业专利能力、核心能力与竞争力层次结构研究》，《科技管理研究》2011 年第 5 期。

李沃源、张庆普：《复合价值视角下创意产业集群中创意扩散主体决策研究》，《研究与发展管理》2015 年第 3 期。

李晓方：《激励设计与知识共享——百度内容开放平台知识共享制度研究》，《科学学研究》2015 年第 2 期。

李雪灵、马文杰、白晓晓、任海波：《转型经济背景下的新创企业关系网络研究前沿探析与未来展望》，《外国经济与管理》2011 年第 5 期。

李艳华：《中小企业内、外部知识获取与技术能力提升实证研究》，《管理科学》2013 年第 5 期。

李义杰、郑海江：《文化企业融资现状、问题及对策研究——基于宁波文化企业的调查》，《中国出版》2016 年第 13 期。

李永、王砚萍、马宇：《制度约束下政府 R&D 资助挤出效应与创新效率》，《科研管理》2015 年第 10 期。

李正锋、逯宇铎、戴美虹：《知识产权保护博弈模型及系统动力学模拟分析——以创新领导企业与追随企业为例》，《华东经济管理》2016 年第 4 期。

厉无畏、王慧敏：《创意产业促进经济增长方式转变——机制·模式·路径》，《中国工业经济》2006 年第 11 期。

梁文卓、王琳、侯云先：《涉农创意企业的孵化模式研究——基于创意价值链的视角》，《管理现代化》2015 年第 4 期。

林明华、杨永忠、陈一君：《基于文化资源的创意产品开发机理与路径研究》，《商业研究》2014 年第 9 期。

林洲钰、林汉川、邓兴华：《政府补贴对企业专利产出的影响研究》，《科学学研究》2015 年第 6 期。

刘二亮、纪艳彬、王清香、刘建东：《知识价值链与企业核心竞争力关系研究》，《北华航天工业学院学报》2007 年第 6 期。

刘慧：《基于长三角城市的区域知识产权竞争力评价》，《企业经济》2013 年第 11 期。

刘建华、苏敬勤、姜照华：《基于 DSGE 模型的中国国家创新体系发展的仿真与预测》，《系统管理学报》2016 年第 5 期。

刘思明、侯鹏、赵彦云：《知识产权保护与中国工业创新能力——来自省级大中型工业企业面板数据的实证研究》，《数量经济技术经济研究》2015 年第 3 期。

刘万利、胡培、许昆鹏：《创业机会识别研究评述》，《中国科技论坛》2010 年第 9 期。

刘晓东、周湘贞：《消费者感知体验价值提升在 O2O 电子贸易下的应用》，《商业经济研究》2017 年第 16 期。

刘友金、赵瑞霞、胡黎明：《创意产业组织模式研究——基于创意价值链的视角》，《中国工业经济》2009 年第 12 期。

龙跃、顾新、张莉：《基于知识转移生态演化的产业技术创新协调研究》，《科学学与科学技术管理》2016 年第 10 期。

鹿丽萍：《图书出版业文化原创力不足的表现、成因及对策分析》，《中国出版》2011 年第 1 期。

吕周洋、何建敏、邓敏、陈蓉：《专利侵权中侵权者群体行为的进化博弈分析》，《科研管理》2010 年第 S1 期。

〔美〕罗伯特·K. 殷（Robert K. Yin）：《案例研究：设计与方法》，周海涛等译，重庆大学出版社，2004。

罗珉、李亮宇：《互联网时代的商业模式创新：价值创造视角》，《中国工业经济》2015 年第 1 期。

雒园园、田树军、于小丹：《区域知识产权竞争力及评价指标体系研究》，《科技管理研究》2011 年第 14 期。

〔美〕迈克尔·波特（Michael Porter）：《竞争优势》，陈小悦译，华夏出版社，1997。

那黎：《宁夏上市公司无形资产对经营绩效影响的经济学分析——兼论企业知识产权法律保护制度的完善》，《科技管理研究》2012 年第 3 期。

潘怿晗：《原创传统文化电视节目的"文化表达"及其空间拓展探析》，《当代文坛》2015 年第 4 期。

彭辉、姚颉靖：《版权保护与文化产业：理论与实证研究——基于价值链分析为视角》，《科学学研究》2012 年第 3 期。

彭艳、朱明健：《创意产业中创意源的衍生模式研究》，《武汉理工大学报》2010 年第 3 期。

任自力：《创意保护的法律路径》，《法学研究》2009 年第 4 期。

沈国兵、刘佳：《TRIPS 协议下中国知识产权保护水平和实际保护强度》，《财贸经济》2009 年第 11 期。

施玮：《数字出版视角下著作权合理使用与科技保护措施之冲突——以美国反规避条款为参照》，《科技与出版》2016 年第 7 期。

宋戈：《版权默示许可的确立与展望——以著作权法第三次修改为视角》，《电子知识产权》2016 年第 4 期。

宋河发、李玉光、曲婉：《知识产权能力测度指标体系与方法及实证研究》，《科学学研究》2013 年第 12 期。

宋渊洋、刘飒：《中国各地区制度环境测量的最新进展与研究展望》，《管理评论》2015 年第 2 期。

孙午生：《论版权保护制度与文化创意产业的发展》，《法学杂志》2016 年第 10 期。

孙阳:《从美国司法实践看网络版权的侵权救济》,《中国发明与利》2017
　　年第 1 期。

孙玉荣:《大数据时代我国文化创意产业知识产权保护的路径选择》,《北
　　京联合大学学报》(人文社会科学版)2014 年第 2 期。

唐国华、孟丁:《企业知识产权战略的维度结构与测量研究——基于中国
　　经济发达地区的样本数据》,《科学学与科学技术管理》2015 年第
　　12 期。

汪丁丁:《制度创新的一般理论》,《经济研究》1992 年第 5 期。

王朝辉、陈洁光、黄霆、程瑜:《企业创建自主品牌关键影响因素动态演
　　化的实地研究——基于广州 12 家企业个案现场访谈数据的质性分
　　析》,《管理世界》2013 年第 6 期。

王健、李燕萍:《基于专利权转移的高校专利转化有效模式分析》,《中国
　　科技论坛》2016 年第 4 期。

王珊珊、李玥、王宏起、李力:《产业技术标准联盟专利协同影响因素研
　　究》,《科技进步与对策》2015 年第 5 期。

王众托:《关于"软创新"》,《科技导报》2012 年第 3 期。

王重鸣、薛元昊:《知识产权创业能力的理论构建与实证分析:基于高技
　　术企业的多案例研究》,《浙江大学学报》(人文社会科学版)2014 年
　　第 3 期。

魏江、黄学:《高技术服务业创新能力评价指标体系研究》,《科研管理》
　　2015 年第 12 期。

魏亚平、陈燕飞:《文化创意企业研发投资决策与研发绩效实证研究——
　　基于研发周期视角》,《科技进步与对策》2015 年第 3 期。

吴佳晖、袁晓东:《军工企事业单位知识产权能力对创新绩效的影响研究》,
　　《管理学报》2017 年第 11 期。

吴佳晖、袁晓东:《我国军工企业知识产权能力评估方法与实证研究》,《情
　　报杂志》2016 年第 4 期。

夏火松:《企业知识价值链与知识价值链管理》,《情报杂志》2003 年第
　　7 期。

向征、张晓辛、顾晓燕：《企业知识产权动态能力提升模式选择》，《经济问题》2015 年第 12 期。

萧延高、翁治林、唐丽娜：《企业知识产权能力与绩效相关性及其影响因素研究——以四川 IT 企业的经验数据为例》，《电子科技大学学报》（社科版）2010 年第 3 期。

解学梅、左蕾蕾：《企业协同创新网络特征与创新绩效：基于知识吸收能力的中介效应研究》，《南开管理评论》2013 年第 3 期。

谢晓尧：《著作权的行政救济之道——反思与批判》，《知识产权》2015 年第 11 期。

熊维勤：《税收和补贴政策对 R&D 效率和规模的影响——理论与实证研究》，《科学学研究》2011 年第 5 期。

徐建中、赵斯亮：《基于知识价值链的循环经济企业集群共生研究》，《科技进步与对策》2011 年第 19 期。

徐静、鲍新中、王英：《科技型企业知识产权质押融资的动力学机理研究》，《科技管理研究》2015 年第 11 期。

徐明华：《企业专利行为及其影响因素——基于浙江的分析》，《科学学研究》2008 年第 2 期。

许春明、单晓光：《中国知识产权保护强度指标体系的构建及验证》，《科学学研究》2008 年第 4 期。

薛元昊、王重鸣：《基于组织学习理论的企业知识产权策略研究》，《科学学研究》2014 年第 2 期。

杨德桥、田荣哲：《论文化创意产业知识产权保护体系的构建》，《北京邮电大学学报》（社会科学版）2013 年第 3 期。

杨东星、李多：《出版类上市公司近年经营情况比较分析——以天舟文化、出版传媒和时代出版为例》，《中国出版》2013 年第 1 期。

杨国忠，杨明珠：《基于 CEO 变动调节效应的高管团队特征对企业研发投资及技术创新绩效的影响研究》，《工业技术经济》2016 年第 2 期。

杨晶、郭兵：《文化创意企业专利产出效率测算及其影响因素——基于上海 63 家文化创意企业的实证研究》，《技术经济》2014 年第 3 期。

杨林：《虚拟价值链：价值链研究的新发展》，《哈尔滨学院学报》（社会科学）2002年第11期。

杨先平、杨红：《我国动漫受众群体的结构分析》，《新闻界》2012年第11期。

杨向阳、胡迪、童馨乐、黄莉芳：《企业家社会资本对文化企业财政支持可获性的影响——基于江苏省文化企业调研数据的实证研究》，《财经研究》2016年第3期。

杨学成、徐秀秀、陶晓波：《基于体验营销的价值共创机制研究——以汽车行业为例》，《管理评论》2016年第5期。

杨永忠、陈睿：《基于价值链的游戏创意产品文化、技术、经济的融合研究——以竞争战略为调节变量》，《四川大学学报》（哲学社会科学版）2017年第3期。

杨张博、高山行：《产业价值链视角下创意企业的创意管理研究》，《科技进步与对策》2013年第6期。

杨祝顺：《我国文化创意产业知识产权保护的现状与策略》，《武汉理工大学学报》（社会科学版）2017年第2期。

叶楠：《如何获取基于价值链的战略竞争优势》，《商业经济》2005年第1期。

于丽艳、李军力：《基于SEM的企业知识产权能力影响因素测度》，《工业技术经济》2017年第1期。

于泳波、彭华涛：《创意产业智力资本价值创造力与均衡投入》，《科技进步与对策》2016年第3期。

喻国明、焦建、张鑫：《"平台型媒体"的缘起、理论与操作关键》，《中国人民大学学报》2015年第6期。

袁丽娜：《基于移动互联网的图书版权运营策略研究》，《出版广角》2017年第20期。

袁林、齐凯、谭文：《企业专利创造能力影响因素间的跨层次研究》，《电子科技大学学报》（社科版）2015年第6期。

袁知柱、鞠晓峰：《制度环境、公司治理与股价信息含量》，《管理科学》

2009 年第 1 期。

臧志彭、解学芳：《文化产业上市公司科技创新能力评价研究——来自国内 A 股 191 家公司的实证分析》，《证券市场导报》2014 年第 8 期。

张传杰、万小丽：《我国企业与公共研发机构专利产出效率的比较研究》，《科研管理》2008 年第 5 期。

张慧颖、史紫薇：《科技成果转化影响因素的模糊认知研究——基于创新扩散视角》，《科学学与科学技术管理》2013 年第 5 期。

张杰、高德步：《金融发展与创新：来自中国的证据与解释》，《产业经济研究》2017 年第 3 期。

张杰、麻小芸：《"一带一路"战略下我国出版单位在版权运营管理中需要注意的若干法律问题》，《科技与出版》2016 年第 10 期。

张静静：《文化创意产业的知识产权价值管理和战略决策探究》，《出版发行研究》2015 年第 2 期。

张军、许庆瑞：《企业知识积累与创新能力演化间动态关系研究——基于系统动力学仿真方法》，《科学学与科学技术管理》2015 年第 1 期。

张曼：《TRIPS 协议第 13 条"三步检验法"对著作权限制制度的影响——兼评欧共体诉美国"版权法 110（5）节"案》，《现代法学》2012 年第 3 期。

张庆普、李沃源：《创意产业集群创意扩散过程及扩散模式研究》，《研究与发展管理》2014 年第 1 期。

张小宁、赵剑波：《新工业革命背景下的平台战略与创新——海尔平台战略案例研究》，《科学学与科学技术管理》2015 年第 3 期。

张亚峰、刘海波、吕旭宁：《专利运营的基本规律：多案例研究》，《研究与发展管理》2016 年第 6 期。

赵春雨：《基于知识价值链的企业知识转移模型与绩效评价研究》，《情报杂志》2011 年第 1 期。

赵健宇、李柏洲、裘希：《知识产权契约激励与个体知识创造行为的关系研究》，《管理科学》2015 年第 3 期。

赵喜仓、丁玲玲：《基于 SVR 的区域知识产权能力综合评价研究》，《科技管理研究》2013 年第 10 期。

郑刚、王方瑞、陈劲:《中国高新技术企业知识管理系统研究》,《科研管理》2008 年第 3 期。

周定根、杨晶晶:《商业信用、质量信息传递与企业出口参与》,《管理世界》2016 年第 7 期。

周园、袁颖慧:《基于 SD 模型的合作创新全过程知识产权风险控制研究》,《科技管理研究》2012 年第 20 期。

朱国军、杨晨:《企业专利运营能力的演化轨迹研究》,《科学学与科学技术管理》2008 年第 7 期。

朱海梦:《视频网络侵权案件的应对策略》,《新闻战线》2016 年第 6 期。

朱自强:《论文化产业理论的几个重要概念》,《中国海洋大学学报》(社会科学版)2016 年第 3 期。

资武成,方卿:《基于大数据的出版企业 IP 运营策略研究》,《科技与出版》2017 年第 5 期。

邹龙妹:《文化创意产业中的知识产权保护方法与策略》,《知识产权》2012 年第 8 期。

Alavi, M., Leidner, D. E., "Review: Knowledge Management and Knowledge Management Systems: Conceptual Foundations and Research Issues", *MIS Quarterly*, 25 (1), 2001, pp. 107 – 136.

Amabile, T. M., Conti, R., Coon, H., "Assessing the Work Environment for Creativity", *Academy of Management Journal*, 39 (5), 1996, pp. 1154 – 1184.

Amit, R. H., Schoemaker, P. J. H., "Strategic Asset and Organizational Rent", *Strategic Management Journal*, 14 (1), 1993, pp. 33 – 46.

Andres, A. R., *The European Software Piracy: An Empirical Application* (Denmark: University of Southern Denmark Press, 2002), p. 176.

Arthur, A., *The Knowledge Management Assessment Tool: External Benchmarking Version* (The American Productivity and Quality Center: Productivity Press, 1996), p. 213.

Barro, R. J., "Economic Growth in a Cross Section of Countries", *Quarterly Journal of Economics*, 106, 1991, pp. 407 – 433.

Bencivenga, V. B., Smith, R. S., "Transactions Costs, Technological Choice, and Endogenous Growth", *Journal of Economic Theory*, (67), 1995, pp. 153 – 177.

Bo Wang, Kah-Hin Chai, B., Annapoornima, M. S., "Roots and Development of Intellectual Property Management Research: A Bibliometric Review", *World Patent Information*, (40), 2015, pp. 10 – 20.

Brakus, J. J., Schmitt, B. H., Lia, Z., "Brand Experience: What Is It? How Is It Measured? Does It Affect Loyalty?", *Journal of Marketing*, 73 (3), 2009, pp. 52 – 68.

Branstetter, L., Saggi, K., "Intellectual Property Rights, Foreign Direct Investment and Industrial Development", *The Economic Journal*, 121 (555), 2011, pp. 1161 – 1191.

Brouwer, E., Kleinknecht, A., "Innovative Output and A Firm's Propensity to Patent: An Exploration of CIS Microdata", *Research Policy*, 28 (6), 1999, pp. 615 – 624.

Bruno, S. F., *Arts and Economics: Analysis and Cultural Policy* (New York: Springer, 2000), p. 210.

Carlson, S. C., "Patent Pools and the Antitrust Dilemma", *Yale Journal on Regulation*, 16 (2), 1999, pp. 359 – 399.

Caves, R. E., *Creative Industries: Contracts between Art and Commerce* (Cambridge Mass: Harvard University Press, 2000), p. 65.

Chesbrough, H. W., "Open Innovation: Where We've Been and Where We're Going", *Research Technology Management*, 55 (4), 2012, pp. 20 – 27.

Ching Chyi Lee, Jie Yang, "Knowledge Value Chain", *Journal of Management Development*, 9 (9), 2000, pp. 783 – 794.

Chowdhury, R. H., Maung, M., "Financial Market Development and the Effectiveness of R&D Investment: Evidence from Developed and Emerging

Countries", *Research in International Business and Finance*, 26 (2), 2012, pp. 258 – 272.

Claessens, S., Laeven, L., "Financial Development, Property Rights, and Growth", *Journal of Finance*, 58, 2003, pp. 2401 – 2436.

Cohen, W. M., Levinthal, D. A., "Innovation and Learning: The Two Faces of R&D", *Economic Journal*, 99 (397), 1989, pp. 569 – 596.

Davenport, T. H., Prusak, L., *Information Ecology Mastering the Information and Knowledge Environment* (Oxford: New York Press, 1997), p. 23.

Davis, J. L., Harrison, S., *Edison in the Boardroom: How Leading Companies Realize Value from Their Intellectual Asset* (New York: John Wiley & Sons, 2001), p. 67.

Davis, J. P., Eisenhardt, K. M., Bingham, C. B., "Developing Theory through Simulation Methods", *Academy of Management Review*, 32 (2), 2007, pp. 480 – 499.

Dierickx, I., Cool, K., "Asset Stock Accumulation and Sustainability of Competitive Advantage", *Management Science*, 35 (12), 1989, pp. 1504 – 1511.

Di, M. A., Faems, D., "Building Appropriation Advantage: An Introduction to the Special Issue on Intellectual Property Management", *California Management Review*, 55 (4), 2013, pp. 7 – 14.

Duguet, E., Kabla, I., "Appropriation Strategy and the Motivations to Use the Patent System: An Econometric Analysis at the Firm Level in French Manufacturing", *Annals of Economics and Statistics*, (50), 1998, pp. 289 – 327.

Erik, B., Yannis, B., Douglas, L., "Shared Information Goods", *The Journal of Law and Economics*, 42 (1), 1999, pp. 117 – 156.

Fauchart, E., Von Hippel, E., "Norms-Based Intellectual Property Systems: The Case of French Chefs", *Organization Science*, 19 (2), 2008, pp. 187 – 201.

Forrester, J. W. , "System Dynamics—The Next Fifty Years", *System Dynamics Review*, 23 (2/3), 2007, pp. 359 – 370.

Furukawa, Y. , "Protection of Intellectual Property Rights and Endogenous Growth: Is Stronger always Better?", *Journal of Economic Dynamics and Control*, 31 (11), 2007, pp. 3644 – 3670.

Galbraith, J. R. , *Organizational Design* (MA: Addison-Wesley Press, 1997), p. 85.

Gangopadhyay, K. , Mondal, D. , "Does Stronger Protection of Intellectual Property Right Stimulate Innovation?", *Economics Letters*, 116 (1), 2012, pp. 80 – 82.

Gibb, Y. K. , Blili, S. , "Small Business and Intellectual Asset Governance: An Integrated Analytical Framework ", *GSTF Business Review*, 2 (2), 2012, pp. 252 – 259.

Ginarte, J. , Park, W. , "Determinant of Patent Rights: A Cross Nation Study", *Research Policy*, 26 (3), 1997, pp. 283 – 301.

Gold, A. H. , Malhotra, A. , Segars, A. H. , "Knowledge Management: An Organizational Capabilities Perspective", *Journal of Management Information Systems*, (1), 2001, pp. 185 – 214.

Granstrand, O. , *The Economics and Management of Intellectual Property: Towards Intellectual Capitalism* (Cheltenham: Edward Elgar Press, 1999), p. 76.

Grant, R. M. , "Toward a Knowledge-Based Theory of the Firm", *Strategic Management Journal*, 17 (Winter Special Issue), 1996, pp. 109 – 122.

Greg, H. , Stuart, C. , Diego, O. , "Commercialization of Knowledge in Universities: The Case of the Creative Industries", *Prometheus*, (7), 2004, pp. 81 – 97.

Grindley, P. C. , Teece, D. J. , "Managing Intellectual Capital: Licensing and Cross-Licensing in Semiconductors and Electronics", *California Management Review*, 39 (2), 1997, pp. 8 – 41.

Hambrick, D. C., Mason, P. A., "Upper Echelons: The Organization As a Reflection of Its Top Managers", *Academy of Management Review*, 9 (2), 1984, pp. 193 – 206.

Hausman, J. A., Bronwyn, H. H., Zvi, G., "Econometric Models for Count Data with an Application to the Patents-R&D Relationship", *Econometrica*, 52 (4), 1984, pp. 909 – 938.

Helpman, E., "Innovation, Imitation and Intellectual Property Rights", *Review of Development Economics*, 61 (6), 1992, pp. 1247 – 1280.

Hemlin, S., "Creative Knowledge Environments for Research Groups in Biotechnology. The Influence of Leadership and Organizational Support in Universities and Business Companies", *Scientometrics*, 67 (1), 2006, pp. 121 – 142.

Henderson, R., Cockburn, L., "Measuring Competence? Exploring Firm Effects in Pharmaceutical Research", *Strategic Management Journal*, (15), 1994, pp. 63 – 84.

He, Z. L., Wong, P. K., "Exploration vs Exploitation: An Empirical Test of Ambidexterity", *Organization Science*, 15, 2004, pp. 481 – 494.

Howkins, J., *The Creative Economy. How People Make Money from Ideas* (London: The Penguin Press, 2001), p. 57.

Hurmelinna, P., Puumalainen, K., "Nature and Dynamics of Appropriate Ability: Strategies for Appropriating Returns on Innovation", *R&D Management*, 37 (2), 2007, pp. 95 – 112.

Jeffrey, F. R., John, J. S., "Exploiting the Virtual Value Chain", *Harvard Business Review*, 73 (1), 1995, pp. 75 – 99.

Jenny, D., Morgan, M. P., Tim, M., "Patenting Strategy of Entrepreneurial Oriented Firms in New Zealand", *International Entrepreneurship and Management Journal*, 1 (1), 2005, pp. 45 – 59.

Jolly, A., Philpott, J., Britain, G., *A Handbook of Intellectual Property Management: Protecting Developing and Exploiting Your IP Assets* (Australia: Kogan Page, 2004), pp. 23.

Kanwar, S., "Business Enterprise R&D, Technological Change, and Intellectual Property Protection", *Economics Letters*, (96), 2007, pp. 120 – 126.

King, R. G., Levine, R., "Finance and Growth: Schumpeter Might Be Right", *Quarterly Journal of Economics*, 108 (3), 1993, pp. 717 – 737.

Kjaer, K., *Supply and Demand of Intellectual Property Rights Services for Small and Medium Sized Enterprises-a Gap Analysis* (Danish Patent and Trademark Office, 2009), p. 161.

Kogut, B., "Designing Global Strategy: Comparative and Competitive Value-Added Chains", *Sloan Management Review*, (Summer), 1985, pp. 15 – 28.

Lai, H., Chu, T., "Knowledge Management: A Review of Theoretical Frameworks and Industrial Case", *Proceedings of the 33nd Hawaii International Conference on System Sciences*. 2000, pp. 1 – 10.

Lanjouw, J., Lerner, J., "The Enforcement of Intellectual Property Rights: A Survey of the Empirical Literature", *Annales d'Economie et de Statistique*, 92 (49/50), 2000, pp. 223 – 246.

Lee, T. L., *Using Qualitative Methods in Organizational Research* (Beverly Hills, CA: Sage Publications, 1999), p. 56.

Leonard-Barton, D., *Wellsprings of Knowledge* (Boston: Harvard Business School Press, 1995), p. 310.

Le, P. L., Masse, D., Paris, T., "Technological Change at the Heart of the Creative Process: Insights from the Videogame Industry", *International Journal of Arts Management*, 15 (2), 2013, pp. 45 – 59.

Levine, R., "Stock Markets, Growth and Tax Policy", *Journal of Finance*, (46), 1991, pp. 1445 – 1465.

Lunn, J., "An Empirical Analysis of Firm Process and Product Patenting", *Applied Economics*, 19 (6), 1987, pp. 743 – 751.

Maillat, D., "Innovative Milieux and New Generations of Regional Policies", *Entrepreneurship & Regional Development*, 10 (1), 1998, pp. 1 – 16.

Malina, M. A. , Selto, F. H. , "Communicating and Controlling Strategy: An Empirical Study of the Effectiveness of the Balanced Scorecard", *Journal of Management Accounting Research*, 13 (1), 2001, pp. 47 – 90.

Manon, E. , Daniel, G. , Mauricio, C. , Laure, M. , "Supporting SMEs' IP Capabilities Impact Study of INPI Pre-diagnosis through the Use of the AIDA Approach", *World Patent Information*, (40), 2015, pp. 21 – 29.

Mansfield, E. , "Patents and Innovation: An Empirical Study", *Management Science*, 32 (2), 1986, pp. 173 – 181.

Mansfield, R. , "Social and Private Rates of Return from Industrial Innovations", *Quarterly Journal of Economies*, (91), 1977, pp. 221 – 240.

Marchand, A. , Hennig-Thurau, T. , "Value Creation in the Video Game Industry: Industry Economics, Consumer Benefits, and Research Opportunities", *Journal of Interactive Marketing*, 27 (3), 2013, pp. 141 – 157.

March, J. G. , "Exploration and Exploitation in Organizational Learning", *Organization Science*, 2 (1), 1991, pp. 71 – 87.

Martin, G. , Moehrle, L. W. , Michael, W. , "Designing the 7D Patent Management Maturity Model: A Capability Based Approach", *World Patent Information*, (50), 2017, pp. 27 – 33.

McEvily, B. , Zaheer, A. , "Bridging Ties: A Source of Firm Heterogeneity in Competitive Capabilities", *Strategic Management Journal*, 20, 1999, pp. 1133 – 1156.

Miles, I. , Anderse, B. , Boden, M. , Howells, J. , "Service Production and Intellectual Property", *International Journal of Technology Management*, 20, 2000, pp. 95 – 115.

Montgomery, L. , Potts, J. D. , "Does Weaker Copyright Mean Stronger Creative Industries? Some Lessons from China", *Creative Industries Journal*, 1 (3), 2009, pp. 245 – 261.

Nelson, R. , Phelps, E. , "Investment in Humans, Technological Diffusion and Economic Growth", *American Economic Review*, 56 (1), 1966, pp. 69 – 75.

Nielsen, A. O. , "Patenting, R&D and Market Structure: Manufacturing Firms in Denmark", *Technology Forecast and Social Change*, 66 (1), 2001, pp. 47 – 58.

Nonaka, I. , "A Dynamic Theory of Organizational Knowledge Creation", *Organization Science*, 5 (1), 1994, pp. 14 – 37.

Norman, P. M. , "Are Your Secrets Safe Knowledge Protection in Strategic Alliances", *Business Horizons*, 44, 2001, pp. 51 – 60.

Palfrey, J. G. , *Intellectual Property Strategy* (Boston: The MIT Press, 2012), p. 67.

Peng, M. , Luo, W. Y. , Managerial, D. , "Ties and Firm Performance in a Transition Economy: The Nature of Micro-macro Link", *Academy of Management Journal*, 43 (3), 2000, pp. 486 – 501.

Prahalad, C. K. , Hamel, G. , "The Core Competence of the Corporation", *Harvard Business Review*, (3), 1990, pp. 79 – 91.

Reitzig, M. , "Strategic Management of Intellectual Property", *MIT Sloan Management Review*, 45 (3), 2004, pp. 35 – 40.

Richard, F. , *The Rise of Creative Class* (New York: Basic, 2002), p. 34.

Romer, P. , "Endogenous Technological Change", *Journal of Political Economy*, 98 (5), 1990, pp. 71 – 102.

Rumelt, R. P. , "How Much does Industry Matter? ", *Strategic Management Journal*, 12 (3), 1991, pp. 167 – 185.

Sander, K. , Rik van Reekum, "The Use of Patents in Dutch Biopharmaceutical SME: A Typology for Assessing Strategic Patent Management Maturity", *New Technology-based Firms New Millenn*, eds. Aard Groen, Ray Oakey, Peter van der Sijde and Saleema Kauser (Oxford: Pergamon Press, 2012).

Scherer, F. M. , "Firm Size, Market Structure, Opportunity and the Output of Patented Inventions", *American Economic Review*, 55 (5), 1965, pp. 1097 – 1125.

Schumpeter, J. A. , *Capitalism, Socialism and Dernocracy* (NewYork: Harper Press, 1942), p. 122.

Scott, S. G. , Bruce, R. A. , "Determinants of Innovative Behavior: A Path Model of Individual Innovation in the Work Place", *Academy of Management Journal*, 37, 1994, pp. 580 – 607.

Sean, A. P. , "The Role of Copyright in Creative Industry Development", *Law and Development Review*, 10 (2), 2017, pp. 521 – 576.

Shank, J. K. , Govindarajan, V. , "Strategic Cost Management and the Value Chain", *Handbook of Cost Management*, eds. Roman L. Weil, Michael W. Maher (United States: Wiley Press, 1992).

Shapiro, C. , "Navigating the Patent Thicket: Cross Licenses, Patent Pools, and Standard Setting", *Innovation Policy and the Economy*, 1, 2001, pp. 119 – 150.

Smith, D. C. , Park, C. W. , "The Effect of Brand Extensions on Market Share and Advertising Efficiency", *Journal of Marketing Research*, 29 (8), 1992, pp. 296 – 313.

Somaya, D. , "Patent Strategy and Management: An Integrative Review and Research Agenda", *Journal of Management*, 38 (4), 2012, pp. 1084 – 1114.

Stewart, T. , Brainpower, A. , "How Intellectual Capital is Becoming America's Most Valuable Asset", *Fortune*, (6), 1991, pp. 40 – 56.

Tanriverdi, H. , "Information Technology Relatedness, Knowledge Management Capability, and Performance of Multi-business Firms", *MIS Quarterly*, 29 (2), 2005, pp. 311 – 334.

Teece, D. J. , "Capturing Value from Knowledge Assets: The New Economy, Markets for Know-how", *California Management Review*, 40 (3), 1998, pp. 55 – 79.

Throsby, *Economics and Culture* (Cambridge: CUP, 2001), p. 145.

Trajtenberg, "A Penny for Your Quotes: Patent Citations and the Value of Innovations", *Journal of Economics*, 21 (1), 1990, pp. 172 – 187.

Wang, C. H., "Clarifying the Effects of R&D on Performance: Evidence from the High Technology Industries", *Asia Pacific Management Review*, 16 (1), 2011, pp. 51 – 64.

Watson, R. T., *Data Management: Databases and Organizations* (Wiley: New York Press, 1999), p. 87.

Weggeman, M. C. D. P., *Kennis Management: Inriching en Besturing Van Kennis Intensieve Organisaties* (Schiedam: Scriptum, 1997), p. 21 – 53.

Wernerfelt, B., "A Resource-Based View of the Firm", *Strategic Management Journal*, 5 (2), 1984, pp. 171 – 180.

Wigg, K. M., "Integrating Intellectual Capital and Knowledge Management", *Long Range Planning*, 30 (3), 1997, pp. 399 – 405.

Wu, Y., Popp, D., Bretschneider, S., "The Effects of Innovation Policies on Business R&D: A Cross-national Empirical Study", *Economics of Innovation and New Technology*, 16 (4), 2007, pp. 237 – 253.

Yong-Long Chen, Tzer-Chyun Yang, Zsay-Shing Lin, "A Study on the Modeling of Knowledge-value Chain", *Knowledge Management*, (11), 2004, pp . 23 – 31.

Zhang, H., Lu, Y. B., Wang, B., Wu, S., "The Impacts of Technological Environments and Co-creation Experiences on Customer Participation", *Information and Management*, 52 (4), 2015, pp. 468 – 482.

后 记

岁月匆匆,如今已是毕业之际。求学生涯的点点滴滴,都成为记忆里宝贵的珍珠。本书是在博士论文基础上进一步深化形成的,成书之际,心中感慨,思绪良多。往昔一幕幕浮现脑海,迷茫和彷徨如雾散去,方向和精神之路渐渐清晰。此时此刻,觉得自己很幸运。在过去的五年,幸运地拥有师长的呵护、同伴朋友的帮助,还有家人的支持和照顾。只字片语,言浅情深,真诚感谢,终生铭记。

首先要特别感谢的,是我的导师王秉琦教授。能够成为王老师的学生,是我一生的荣幸。王老师眼界高远、头脑睿智、条理清晰、思维敏捷,还有善意美好的品格,令我受益匪浅。选题之初,顾虑、不安和不够自信让我感受到了挫折和压力,但是在王老师的悉心引导、谆谆鼓励以及和蔼包容之下,我渐渐鼓起了勇气,克服了困难,也慢慢看到和触摸到了一个全新的研究领域。在这个过程中,无论是书稿构思、设计安排,还是实证研究,王老师总是给予我尽可能多的指导和帮助,支持我写作。在此,深深地感谢王老师,无论何时何地,我都将以王老师为榜样,认真学习,一如既往,报答师恩。

衷心感谢我的副导师詹绍文教授。这部书稿凝聚着詹老师的智慧和心血,令我感激不尽。在写作过程中,詹老师总是真诚地分享所学、所感,通过一次次研讨不断修正我的研究思路,耐心地指导我进行写作,激发创新思维和想法,并在本书调研和数据收集过程中给予了大力支持。与此同时,詹老师还督促我学习更多方法,进行更多交流,尽可能地为我提供好的学习氛围和学习环境。此外，我也得到了詹老师带领下的团队其他成员的热心帮助。在此，向李治老师、赵尔奎老师、王瑾老师、张小刚老师等诸位老师给予的指导，一并致以最真诚的感谢！

衷心感谢我的师兄邱必震老师。同门五年，离不开邱师兄的帮助。无论多么忙碌，邱师兄总是会给予我耐心的陪伴和大力的支持。邱师兄总是像大哥哥一样照顾着我，在思想和生活上给予我亲人般的关怀，是我学习生涯中温暖和快乐的回忆！特别是在我最无助的时刻，邱师兄的出现是我和妈妈值得一生珍藏的回忆！本书能够最终完成，离不开邱师兄的鼓励。

衷心感谢我的另一个师兄曾涛老师。在我初次踏入文化创意领域之时，我感到陌生和不知所措。曾师兄以过来人的经历给予了我很多点拨，无论是选题、写作还是例行流程，师兄总是尽可能地给予我指导和帮助。此外，师兄的乐观、率真和细致也让我获得许多前进的动力。在此，向曾师兄表达深深的感谢！

衷心感谢我的师姐马怡老师。您的亲切、体贴、知性和从容，帮助我从繁重学习与生活中得到缓解，让我倍感温暖！谢谢师姐的关心和呵护，孩子的绘本、冬至的饺子、热情的拥抱，一点一滴的爱心让苦难的日子没有那么难熬了！

衷心感谢我的师妹刘祎老师和师弟张博老师。谢谢你们不远千里来到我的身边，陪伴着我度过人生最为黑暗的时刻。谢谢你们风趣幽默又富有哲理的鼓励和安慰，希望我们未来的日子友谊长存！

衷心感谢我的好朋友岳鸿、王敏、王晓飞、高蕙艳、李恺、李佳敏、蒲涛、陈晓彤、王小英、张绍洋、居玲燕、何夷伦，衷心感谢西安建筑科技大学公共管理学院吉鸿泽老师及学生刘洪佳、邓雨龙和刘佳硕，谢谢你们陪伴我、照顾我。因为有了你们，我在异乡的生活充满了乐趣，你们的笑容点缀着我的世界。

衷心感谢在本书调研和数据收集过程中给予大力支持和帮助的西部国家版权交易中心有限责任公司。感谢党雷老师、杨倩玉老师、焦润老师、杨雯老师以及法务部全体老师！一个多月的实习和调研，让我更加系统地了解了文化创意企业知识产权工作的特征、流程，也对知识产权能力评价指标体系构建与影响因素有了更为细致而深入的理解。

还要衷心感谢陕西新华出版传媒集团、陕西演艺集团有限公司、西安维真视界影视文化传播股份有限公司、西安元智系统技术有限责任公司、陕西飞鸟文化发展有限公司、西安昭泰文化发展有限公司、西安蓝岸电子科技有限公司、西安交通大学出版社、陕西旅游集团有限公司、西部电影集团有限公司等企业的大力支持和积极合作，正是你们的热心帮助才使本书得以顺利完成，在此致以最真诚的谢意！

衷心感谢西安交通大学经济与金融学院博士生、渭南师范学院农商学院屈晓娟教授。您的独到见解、透彻系统的分析、严谨考究的逻辑推理，帮助我厘清研究重点、洞察问题所在，从而不断完善本书写作。本书的顺利完成离不开过去六年来您的关心和指导，您让我获益良多并养成了较为良好的思考习惯，陪伴着我在学业的旅程中更进一步，这是我一生的财富！

衷心感谢我曾经工作的渭南师范学院外国语学院副院长赵爱莉老师，跟您在一起的四年，让我觉得充实、温暖和满足，您的为人处世、待人接物让人如沐春风，如同丁香花一般，种种细节留给了我许多值得细细品味和学习之处，润泽我未来的从师之路和孩子的养育历程！

衷心感谢我的爸爸！一直以来您对我的学习和工作不遗余力地支持，小学、初中、高中、大学直到博士毕业，每一步都有您默默的付出和关键时刻的引导，这才有了我今日的顺利毕业，使我成为一名大学老师。我知道，如果您还在，一定会很高兴见证本书出版。本书封面以红色为底色，代表一颗赤子之心，在此，将本书献给您，祈愿您吉祥圆满！

衷心感谢我的妈妈！您是那么美丽，至今仍保持着可贵的纯真之心，对我总是无怨无悔地付出和陪伴。现在，您又随我来到了古城西安，远离美丽的家乡成都，支持我的工作。我会用我的坚韧、努力为您筑起一个护盾，让您生活无忧、日子充实、精神愉悦！

感谢李义华对我学习和工作的支持，谢谢你的鼓励。

最后，感谢我的孩子，小俊俊。妈妈毕业之时，你来到了我的身边。谢谢你没有让我承受太多的孕期反应，让我能够安安心心地写完此书。等你长大了，希望我可以带着你一起读这本书，再把书里书外的故事讲给你听，好么？

图书在版编目（CIP）数据

文化创意企业知识产权能力研究 / 刘婧著. -- 北京：
社会科学文献出版社，2022.4
ISBN 978 - 7 - 5201 - 9904 - 9

Ⅰ.①文…　Ⅱ.①刘…　Ⅲ.①文化产业 - 企业管理 -
知识产权 - 研究 - 中国　Ⅳ.①G124②D923.404

中国版本图书馆 CIP 数据核字（2022）第 047160 号

文化创意企业知识产权能力研究

著　　者 / 刘　婧

出 版 人 / 王利民
组稿编辑 / 高　雁
责任编辑 / 颜林柯
责任印制 / 王京美

出　　　版 / 社会科学文献出版社·经济与管理分社（010）59367226
　　　　　　　地址：北京市北三环中路甲 29 号院华龙大厦　邮编：100029
　　　　　　　网址：www.ssap.com.cn
发　　　行 / 社会科学文献出版社（010）59367028
印　　　装 / 天津千鹤文化传播有限公司

规　　　格 / 开　本：787mm×1092mm　1/16
　　　　　　　印　张：13.5　字　数：208 千字
版　　　次 / 2022 年 4 月第 1 版　2022 年 4 月第 1 次印刷
书　　　号 / ISBN 978 - 7 - 5201 - 9904 - 9
定　　　价 / 98.00 元

读者服务电话：4008918866